海外ノマド入門

ここではない場所で
生きていく

ルイス前田

Prologue

「僕は話せないんだ」

南米にある細長いことで有名な国、チリから西に３７００km離れた絶海の孤島である
イースター島で出会った18歳のイアンが筆談で教えてくれました。
どうやら彼は事故で喉を怪我してしまったらしく「あー」とか「おー」とかいう音は出るけど、
言葉を作るのは難しそうでした。
イアンは僕が人生で初めて出会った「旅をしながら、仕事をしている人」でした。
メモ帳でやり取りしながらイアンとモアイ像を見て回って少しずつわかったことは

・イアンはブラジル出身
・2年ほど世界を旅している
・仕事はプログラマーらしい

そして、何よりもすごくマイペースでした。
モアイの前でジャンプをしている写真を何度も何度も撮り直しさせられて、

当時の僕は「ちょっとくらい遠慮しろよ」「筆談だけでも大変なのに勘弁してよ」と少しイライラしながらも価値観を揺さぶられました。

話せないというハンディキャップがあっても、こんなに自由に自分らしく生きている人がいるのか。

しかも、旅をしながら仕事をしているなんて信じられない。

もしかしたら、僕もわがままに生きてもいいのかもしれない。


イアンとの出会いから11年。この本は、僕だけではなく、僕と同じように息を吸うように旅と仕事を両立させている56人の海外ノマドの知識と経験を結集させて作った「旅と仕事の攻略本」です。


世界を旅してみたい人。好きな場所で働きたい人。旅と仕事を両立させたい人。

そんな人たちを思い描いて作りました。


あの時のイアンのように、軽やかに世界を旅して、仕事にも全力で立ち向かう。

そのためのヒントになれば、とても嬉しいです。

ルイス前田

Contents

説得

ノマドになる前の準備

Life Column

Part 4 海外ノマドの始め方

スキル

退職

お金

Part 4

Part 5

海外ノマドとお金

モチベーション

マインド

時間管理

タスク管理

Part 6

Part 7

海外ノマドの将来

Part 8

海外ノマドのまとめ

part 01

導入

そもそもノマドって何ですか？

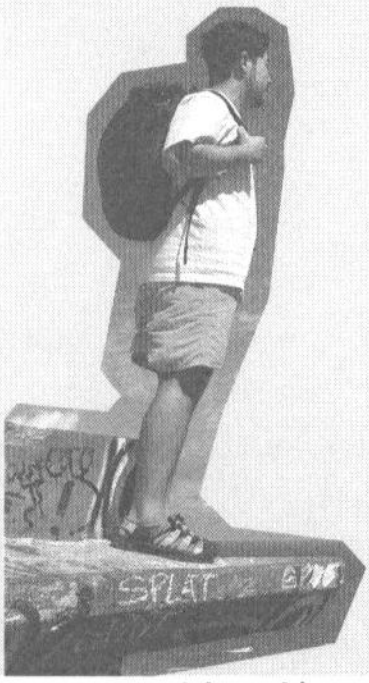

本書は海外ノマド56人と作った「旅と仕事の攻略本」ですが、「そもそもノマドって何？」とよく聞かれます。広辞苑によるとノマドの定義は「遊牧民。流浪の民」らしいです。ヨルダンやモロッコの砂漠ツアーでお世話になるベドウィン族やベルベル人がまさに辞書的な意味でのノマドです。

解釈を広げて、我々のような日本人をノマドと言う時は「定住先を持たずに、住む場所を変えながら暮らすライフスタイルの人たち」を意味します。

ノマドの細かい分類として、海外を中心に暮らす人たちを「海外ノマド」。デジタルワークを生活の糧にしているノマドたちを「デジタルノマド」と呼ぶこともあります。ブランディングの一環として、自分の職業や出身業界にノマドを加えて「看護師ノマド」や「公務員ノマド」と名乗る人もいます。本書では多数の○○ノマドに参加してもらいました。

以上が正面からの解説ですが、僕は「旅と仕事を両立させている人」＝「ノマド」とざっくりと捉えています。誰がノマドで、誰がそうじゃないとラベルを貼るつもりはありません。自分がノマドだと思えばみんなノマドです。

What?

海外ノマドってどんな仕事をしているんですか？

海外ノマドの職業は様々で、Webライター、Webデザイナー、Webエンジニアなどのデジタルワーク。カメラマンやビデオグラファー、動画編集者などのクリエイター。ブロガーやYouTuber、インスタグラマーなどのインフルエンサー。トレーナーやプロコーチ、ヨガインストラクターなどといった教育系の仕事もあります。

そして、少数派ではありますが、正社員として会社の業務をしながらノマドをしている人もいます。体感ではノマド全体の5％くらいが会社員です。彼らが所属する会社がとても柔軟であることに間違いはないのですが、会社員はインターネットの発展とリモートワークの普及によって生まれた新しいノマドのスタイルです。

ノマドワーカーの仕事例

小説家　放送作家　YouTube編集者　オンライン経理　デイトレーダー

翻訳家　Vyond編集者　動画編集者系　オンライン秘書　営業代行系　不動産投資

ブロガー　ライター系　Vlogger　TikTok編集者　SNS運用　イベント運営

SEOライター　記者　カメラマン　PRプランナー　YouTuber　インスタグラマー

トラベルライター　著者　動画撮影者　マーケター系　アプリマーケター　Udemy講師

編集者　アフィリエイター　広告運用者　SEOコンサル　インフルエンサー系

イラストレーター　デザイナー系　広報　サーバーエンジニア　オンライン講師　パーソナルトレーナー

Webデザイナー　Studioデザイナー

UXデザイナー　エンジニア系　ECサイト運営　プロコーチ系　日本語講師

サムネデザイン　ディレクター　コミュニティマネージャー　占い師　プロギャンブラー

アプリエンジニア　プログラマー

ルイス前田の働き方と仕事内容

僕は会社員とフリーランスの両方でノマドを経験して、現在は株式会社スラッシュワーカーズの代表として働いています。行政上の分類としては会社員ですが、ひとり社長なのでフリーランスと変わりません。仕事の内容は大きく分けて2つです。自分が始めた事業と企業から依頼される業務です。事業としては、10種類の海外ノマドワークが体験出来る「ノマドニア」や複数の仕事を同時並行する働き方を実現する「スラッシュワーカーズ」を運営しています。

ノマドニアでは、世界各地にあるノマドの聖地で1ヶ月間どこにいても出来る仕事を体験します。教科書を使った学びよりも、実際の経験を踏まえて、ノマドワークを選んでもらうことが狙いです。また、旅行よりも長い期間を海外で暮らすことで、ノマドの生活に慣れながら、困ったことがあれば仲間同士で助け合うことが出来ます。

本書でもノマドニア出身のノマドや、ノマドニアで体験講師をしている方々に参加していただきました。「ノマドニアで〜」という話が出てきたら、「海外ノマドを体験していた時に〜」と解釈してください。

海外ノマドってぶっちゃけ楽しいんですか？

僕が海外ノマド生活をスタートさせた時の率直な感想は「過酷だけど楽しい！」でした。楽しい理由は明確で、ホテルやホステルの扉を開ければそこは海外。0秒で海外旅行が出来るので、異国や異文化が大好きな人にとっては最高の環境です。

一方で、過酷な理由は「働く環境も、生活する環境も定まらないから」です。会社や自宅なら当たり前に用意されている、快適なWi-Fiや広い仕事机、すぐに充電出来る環境を全く知らない街で見つけるのは困難です。

また、ホテル近くのミュージックバーで深夜近くまで爆音のQueenが演奏されていたのに、翌朝5時からニワトリの合唱で起こされるといったことが日常です。言語や文化も違うので、突然日本での生活を思い返して寂しくなったりします。

ですが、好奇心旺盛な人にとっては、海外ノマドは最高にワクワクする働き方です。旅行と仕事を切り離さずに同時に進めるわがままな生き方には、底知れぬ魅力があります。

海外ノマドは
過酷だけど
楽しい！

どうすれば海外ノマドになれますか？

「日本から出国して〝場所にとらわれない仕事〟で生活費を稼げるようになれば、貯金残高は減りません。気が済むまで海外ノマドを続けられます」

というのが一般的な回答ですが、本書に参加している海外ノマドの中には、ラーメンクリエイターやシェフ、書店員など〝場所にとらわれる仕事〟の人たちもいます。なので、工夫をすればあなたがやりたい仕事で海外ノマドになれる可能性は十分にあります。

「私には海外にいながら生活費を稼ぐなんて出来そうにない……」と感じるかもしれませんが、海外ノマドは住む場所を変えることで劇的に生活費を下げられます。現在の生活費をすぐに稼ぐのが難しくても、物価が3分の1に変われば生活費も3分の1になります。

海外ノマドを始めるのに、年齢や性別、学歴や家族構成などによる制限はありません。また、収入や支出もノマドによって様々です。SNSだと誤解されがちな「海外ノマドの実態や現実」を知っていただければ、きっと「自分でも出来そう！」と思ってもらえるはずです。

海外ノマドワーカーの舞台裏

〜カリブ海クルーズ〜

妻と22日間のクルーズツアーでカリブ海を訪れました。オールインクルーシブで乗船費用が25万円だったので、コスパは抜群です。船内のWi-Fiは低速で、Zoomが危ういほどでしたが、クリスマス＆年末年始のシーズンに決行したおかげで乗り切れました。

海外ノマドワーカーの舞台裏

～アイスランド周遊～

氷河の国アイスランド。厳しい冬の間に運が良ければ入れる「氷の洞窟」は氷河が溶けて偶然作られる自然の芸術です。首都レイキャビクからオーローラも観られました。冬季は11時に日の出、15時に日の入りなので観光出来る時間がとても短いです。

part 02

海外ノマド56人のプロフィール紹介

56人の海外ノマドのプロフィール

経歴も職業も価値観も様々な海外ノマドたち。Googleで探しても見つからなかった「あなたが目指したいノマドの姿」がここにあります。

Ami さん

ジョージア拠点のWebデザイナー。その前は約3年間オランダに在住。WebデザインやWebデザイン講師、海外移住・フリーランス相談、YouTube「AMI HUIS」、地元名古屋でカフェと雑貨店経営など色々行う。観光よりもローカルな場所で暮らしながら旅をすることやカフェ巡りが好き。

Twitter＆Instagram：@amihuis_ami

あやか さん

スキルゼロ、人脈ゼロ、営業経験ゼロから独立した、元公務員ノマド。現在はLINEを中心としたWebマーケティング事業を行っている。'22年2月から9ヶ月間、世界を7ヶ国ほど旅しながら仕事をしていた。旅先でのカフェ巡りが趣味で、今までに訪れた世界のカフェは約150ヶ所。

Twitter：@uayk_iro

愛優 さん

急に会社員をやめてフリーランスになることを決意。ひょんなきっかけでタイでの仕事を見つけ、急遽海外ノマドに。元々旅が好きで35ヶ国以上旅をしていたことも。少し前まではタイに在住しながら旅暮らしをしていたが、その後はジョージアに拠点を移し、現在は日本で暮らしている。

Twitter＆Instagram：@ayuphotolog

あかね さん

世界一周中のノマドデザイナー。大手企業を退社後、未経験からデザインを勉強し始め、現在はWeb／UIデザイン制作からマッサージまで複業フリーランスとして活動中。現在は41ヶ国目で今年は南米を周遊予定。最近の趣味はサウナやキャンプに行くこととテレビを観ること。

Twitter：@fp1223

市角壮玄 さん

世界を旅しながら、複数の仕事をして暮らす。HOXAIという名義でアートディレクターとして企業や自治体のデザインや映像制作をしたり、デザイン思考の講師をしたり。料理研究家や東京都の起業支援施設「SHT」の講師としても活動。BBT大学経営学部准教授。著書に『VEGESUSHI』。

Twitter＆Instagram：@hoxai

飯田 さん

世界を旅するVyondアニメクリエイター。高校3年間は動画制作と芝居に明け暮れていた。その後、嵐山と小樽で人力車の俥夫→バックエンドエンジニア→Vyondクリエイターへと転身。現在はバックパック1つで海外ノマドをしている。モットーは「未来の自分の感謝される」。

Twitter：@iida_shi

一戸英理子 さん

海外在住歴10年を経て帰国後、フリーランスを経てITの会社を立ち上げたノマド。たまたまITエンジニアとして就職した時に、周りに「どこにでも行けますね」と気づきを与えてもらい、その後は場所を選ばず働けるスキルを得ていることにメリットを感じて様々な場所で仕事をしている。

Twitter：@EringoCebu

伊佐知美 さん

「旅と暮らしを行ったり来たり。そうやって過ごす日々から紡がれるもの、全て」、「軽やかに生きる」をテーマに旅のあるライフスタイルを追いかけて数年。日本1周、世界2周、4ヶ国の語学留学、無拠点生活など長年の旅暮らしを経て、'22年に沖縄にて起業。著書に『移住女子』(日・韓)。

Twitter＆Instagram：@tomomi_isa

稲川雅也 さん

早稲田大学在学中にアフリカ大陸を縦断し、その文化に惚れ込む。中退後、(株)東京アフリカコレクション(現Stagebank)を設立。'20年には一般社団法人LIFE IS ROSEを理事として立ち上げに参画し、企業コンサルティングやコミュニティ運営、スナックの立ち上げなどを担当していた。

Twitter：@masayainagawa

石井小百合 さん

クリエイティブフォトグラファー。国内外のホテルや企業のInstagramアカウントのディレクションや撮影に関わる。現在は、東洋医学を勉強中。著書に『太陽とハグするイビサ島ガイド』『GENIC TRIP スペイン・コルドバ』。今後は出産フォトグラファーとして海外も視野に入れて活動予定。

Instagram：@sayubaby3181

岡村龍弥｜シャンディ さん

合同会社ギルド代表。新卒で大手IT企業に入社後、'18年に世界一周。これまでに訪れた国は50ヶ国。「場所にとらわれずどこでも働ける人材の創造」を実現するためにオンラインでの業務を得意としたなんでも屋を起業。東京と大阪で旅人やノマドワーカーが集まるシェアハウスを運営している。

Twitter：@Shandy_Life

大麻翔亮 さん

'21年に予算500万円で夫婦で世界一周をスタート。学生時代に休学をし、1人で世界を放浪した後「いつか夫婦で世界一周をしたいけど、安定した収入もほしい！」と思い、転職を通して旅をしながら稼げる仕事に挑戦。HP制作やSNS運用、動画編集などをしながら1年間で29ヶ国を旅している。

Instagram：@tabisuke_98

荻野祐里香 さん

30歳で脱サラしたノマド。会社員時代は人材業界で7年間営業を経験。ジョージアからノマド生活をスタートさせ、笑ってコラえて！でジョージアレポーターを務める。現在は「ノマドニア」運営、採用支援、コーチングなどに従事。無類の焼酎好きであり、焼酎インフルエンサーを夢見ている。

Twitter：@yuri_gerbera

大澤あつみ さん

新卒から13年間働いた大企業を退職してノマドに。広告宣伝の経験を活かし、企業のマーケティング戦略コンサルティングやPR支援を行う。誰かに話したくなる面白い経験が好きで、会社員時代は月イチで海外を旅行していた。「好きな場所で好きなことをする」を叶えるべく世界を飛び回る。

Twitter：@atsumiee

おばとりっぷ さん

2〜5歳までエジプトに住んでいたことで自分は海外に縁があると思い込んでいた幼少期。学生時代にバックパックでインドを2ヶ月1人旅して開花。'22年4月にはノマドニアの講師として5歳の娘とジョージアに1ヶ月滞在。'23年春からはオランダに子連れ移住。拠点型ノマドワークを目指している。

Twitter：@obatrip

オカザーマン さん

世界の筋トレ情報を和訳して解説するYouTubeチャンネル「筋肉翻訳」を運営している。チャンネル登録者は5万人を超え、YouTube投稿がきっかけで動画制作に興味を持つ。現在はパーソナルトレーナー、FPVドローン撮影、動画制作、翻訳、YouTubeコンサル、コミュニティ運営などを行っている。

Twitter＆Instagram：@okazerman

くるまとしはる さん

約3年間ベトナム現地の日系企業に勤めた後、独立してジョージアに移住したノマド。会社員時代は10年以上Webディレクターやデジタルマーケティングなどの IT関連業務に従事。現在はWebプランナーやマーケター、ライターを生業としている。並行して海外移住ブログも運営中。

Twitter：@kurutoshi

おひょう さん

沖縄に移住してIT営業とWebライターをしている元高等専門学校生。卒業後ジョージアでノマドになるために10ヶ月ほどWebライターになるための修業をしていた。修業後は、2ヶ月間イギリスの治験に参加してモルモットに。現在は沖縄でIT事業の立ち上げメンバーとして働いている。

Twitter：@ohyo_2000

KOH さん

「ノマドニア」の共同創業者。リュック1つで世界各国で暮らしている。ノマドのライフスタイル&ハックを発信するSNSの総フォロワーは約3万人。グローバルで培った独自の経験とノウハウを活かし、公的機関や国内外企業のSNS戦略やインバウンド事業でアドバイザーを務めている。

Twitter：@KohNomad

木村拓也 さん

新卒でフリーランスになった就職経験ゼロ系ノマド。Webメディアのコンテンツマーケティングをしていたが、YouTubeマーケターに移り変わりつつある。40歳までにNPO法人を設立したいので自己研鑽に励んでいる。特に旅行が好きというわけではないので、海外に行っても引きこもりがち。

Twitter：@Takuya_3003

古性のち さん

'16年から世界30ヶ国を旅し日本に帰国後、'21年より岡山と東京の2拠点生活をスタート。SNSでは旅先の風景と日本語を組み合わせる「美しい日本語と写真」シリーズを展開。タイと岡山の2拠点暮らしを検討中。猫が好きで旅先での写真は猫だらけ。猫とドーナツがあれば幸せに生きていける。

Twitter：@nocci_84

クニ｜地球RPG家族 さん

家族で旅するように暮らす実業家ノマド・3姉妹の父。ニューヨークで妻と出会い、場所や風習にとらわれない「自由な生き方と子育て」を実践中。現在は国籍を問わない飲食コンサルをしている。世界中に『地球RPG家族（家族でふざけたロールプレイングゲームを楽しむ暮らし）』を発信中。

Twitter：@earth_rpgfamily

杉野遥奈｜旅する起業女子 さん

拠点を持たずにスーツケース1つで旅暮らしをする旅する起業女子。大学時代に計2年間の旅と留学を経験後、サイバーエージェントに入社。広告企画営業と新規事業の責任者を経験後、旅暮らしをするために独立。現在はWebデザインスクールの運営やWeb制作事業を行いながら、自由な生き方を発信中。

Twitter＆Instagram：@haru0127x

さあや さん

大学で経営を学んだ後、Webデザイン専門学校を経てWeb制作会社にデザイナーとして就職。社長に直談判し、会社員ノマドとして海外でのリモート生活を叶えた。ディレクション、コーディング、動画制作、ナレーションなどを担当。趣味は旅、ピアノ、カメラ。実家には保護猫3匹。

Twitter：@saaya_journey

すぎやま さん

広告代理店に勤務しながら、メディア編集長を兼務する会社員。リモート勤務をいいことに各地を飛び回り、面白い人を探している。ヨーロッパ留学経験を基に各国の友人に会いに行っているので日本にいたりいなかったり。「場所にとらわれない働き方」や「暮らしながら旅をする」がモットー。

Twitter：@tabi_macska

ザック さん

旅するさみしがり屋。「ノマドニア」0期生。現在はデザインやノーコードWeb制作、コミュニティマネージャーの仕事をしながら旅暮らしをしている。その傍らで通訳案内士や旅行代理店、ゲストハウスのマネージャーを兼任するなど、常に自分に出来る仕事を探し続けている。

Twitter＆Instagram：@zacandred

鈴木信 さん

43ヶ国渡航の旅ブロガー×旅行会社のWebマーケター×メディアディレクター。会員数1200人超のオンラインスクールのブログ講師も担当している。仕事も海外も大好きなので、海外ノマドは生きがい。やりたいことはヨーロッパでアイランドホッピングと全米全豪全英全仏オープン制覇。

Twitter：@worldtips0106

しずか さん

キャリアも子育ても諦めない3歳児のママ。フリーのデザイナーをしながらスタートアップのCCO、イスラエルSaaS企業の日本進出の手伝いなどをやっている。パートナーはイスラエル人。フランス語と英語、日常レベルのヘブライ語が話せる。働く場所を選ばない利点を活かして、娘がもう少し大きくなったら世界旅行に行くのが目標。最近の興味はお金の管理。

旅丸sho さん

'13年から世界一周の旅を開始し、旅中の記録を綴ったブログをきっかけにライターを開始。自由な生き方を求め、今も旅をしながらノマド生活をしている。地球5周、渡航国数は120ヶ国を超え、現在は貿易や旅行、マーケティングの会社を複数経営しながら旅を継続する「旅する経営者」として活動中。

Twitter＆Instagram：@tabimarusho

清野奨 さん

1歳になるノマドベイビーと奥さんの家族3人でノマドライフをしている。「生きる場所と働く場所の自由と民主化」をするためにデジタルプロダクト受託開発を行う会社「aniuma OÜ」をエストニアで設立。新しいアイデアを得るために世界各地のコワーキング＆コリビングスペースに訪れている。

Twitter＆Instagram：@susumu1127

たぶ さん

日本で新卒から公務員を6年半、その後アジア1厳しいシンガポールに転職して3年間揉まれ、海外の厳しさを知る。そこから生き残るだけでなく"勝ち残れる"場所を探してベトナムで銀行員を務め、軸を固めた後にノマドとして自営業を開始。東南アジア全体で仕事が出来るなんでも屋を目指している。

Twitter：@asean_nomad

平船智世子｜奇祭ハンター さん

'13年からお祭り巡りをコンセプトに世界一周。'18年にはVRとARを取り入れた個展「VRで巡る！世界の奇祭展」を主催。これまでに地球4周、88ヶ国、計90祭りを訪問し、非日常的なお祭りを各メディアで発信中。著書に『いつか行きたい朝鮮ガイドブック～これで不時着しても大丈夫』。

Twitter：@tailovene

chinami さん

現在は動画制作や翻訳、コンテンツ制作をしながら、アメリカ人の旦那とノマド生活中。上智大学を卒業した後、オーストラリアに飛んだが、コロナで失業。一念発起し、大学在学中に習得した動画編集のスキルを活かして、PC1台で稼げるように。気がつけば夢のデジタルノマド的生き方を実現した。現在はタイのプーケットでゆるく働きながら、のびのびと暮らしている。

旅する鈴木 さん

ヨガインストラクターの嫁と映像作家の旦那の旅する夫婦。旅の様子を現地から発信する映像ブログ「旅する鈴木」が話題に。文化庁メディア芸術祭推薦作品に選定される。'18年よりBS朝日にて、初の冠番組「旅する鈴木」が放送開始。現在は山林を購入し、開墾しながら旅に出る機会を窺っている。

Twitter：@Tabisuru_Suzuki

Chell さん

世界制覇を目指すノマドワーカー。銀座の百貨店でバイヤーや企画営業をした後、仕事をやめて世界一周、アメリカ横断、ラトビア短期移住など好奇心の赴くままに飛び回っている。世界一周をする際にブログを立ち上げた経験を活かし、トラベルライターを経てライターに。暮らすように旅をしている。

Instagram：@Chell_traveler

塚田エレナ さん

自分に合った生き方と働き方を求め、外資系広告とPR代理店を経て'19年に独立。ワーホリ×フリーランスのデジタルノマドとしてドイツを拠点に活動後帰国し、'20年にPR会社を設立。現在はグローバルに事業を展開中。'22年より海外ノマドも復活。どこでも誘われたらなるべく行く。

Twitter：@Elenaaa10t

西村千恵 さん

東京生まれ、神奈川県在住の3児の母。高校時代のドイツ留学で、ベジタリアンなホストマザーの生き方に影響を受ける。次男の出産を機に都内から葉山へ移住し、循環型農業をサポートすべく合同会社を設立。イタリアスローフード協会との出会いでイタリアや周辺国へ視察に赴く。

Instagram：@chie.farmcanning

津田昌太朗｜Festival Junkie さん

イギリスの音楽フェス「グラストンベリー」がきっかけで会社をやめてロンドンに移住。'19年には、これまで参加した海外フェスをまとめた『THE WORLD FESTIVAL GUIDE』を出版。サマーソニックのステージMCなど、フェスでの司会やMCも多数。Festival Life編集長。

Instgaram：@festival__junkie

二宮信平｜アマゾニアン さん

拠点は日本だが、「旅する雑貨屋コパカバーナ」と称して世界中のエスニック雑貨を販売するネットショップを経営し、年に半分～200日くらいは海外へ。以前は運営を友人に任せていたのでほぼ不労所得だった。国連加盟全て196ヶ国を旅し、世界全ての国と地域制覇まで残り7地域。

Instagram：amazonian_shimpei

とまこ さん

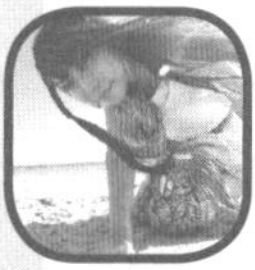

小学5年の時にカムチャツカ半島に行く夢を見て旅に憧れる。バックパッカー、秘境ツアーコンダクターを経て作家活動。突然ドローンにはまり国内外で延々飛ばし続け、各地・各企業のPRやPVなどを手掛ける。『離婚して、インド』(幻冬舎文庫)『世界の国で美しくなる！』(幻冬舎) など著書12冊。

Twitter＆Instagram：@tomako_tabifeti

ぴきちん さん

国内外を旅しながら働いているフリーランス。リクルート、メルカリを経て、念願のアフリカ移住しルワンダで日本の中小企業の駐在員として働いていたが、コロナで緊急帰国しニート期間を経て旅するフリーランスに。マーケティング、営業、ドローンビデオグラフォーなど色々な仕事をしている。

Twitter：@h723_

畑山朱華 さん

多様で複雑な「人」と「世界」を愛しているコミュニティマネージャー。「ストレス社会を軽減出来て、人が活き活きする仕事」を軸に、コミュニティ運営やコミュニティデザイン、ワークショップデザインに従事。コミュニティは平均して5つ運営し、月に10回以上のイベントを開催している。

Twitter：@sshukaa

ふじさわあつし さん

'13年にブログで独立。それ以降はアフィリエイト、YouTube、電子書籍出版、書籍出版、講師、ライターなど様々な仕事をしながら生きている。過去に、6ヶ月の東南アジアノマドや4ヶ月の東南アジアノマド、2週間の東欧旅をしていた。フリー素材サイト「ぱくたそ」でモデルもしている。

Twitter：@fujisawatsushi

はっちー さん

世界一周中のフリーランスノマド。Webライターとして取材記事やSEO記事を執筆している。学生時代に女性不信に陥り、人生の目標だった結婚を諦めて旅に出る。アメリカ横断をきっかけに長期の海外旅行に目覚め、'22年8月から世界一周を始める。モットーは「人生大体何とかなる」。

Twitter：@shuntech88

ベロニカ さん

スロバキア出身。渡航38ヶ国。チェコの大学で日本語と中国語を専攻し、博士課程まで進学。アジアを拠点にして生活している。現在は通訳翻訳者やライター、英語＆異文化多様性講師をやっている。Kindle本出版とFMラジオの出演経験あり。旅、写真、歌や美味しいものなどが好き。

Twitter：@verodesu

haruna さん

本業はWeb/UIデザイナー。その他、講師をやったり、文章を書いたり。新卒で予備校に就職し、21歳で独立。同時に家を手放し、アドレスホッパーに。現在はデザイン事務所や開発会社など複数の会社に所属しながら暮らしの拠点となる国を探し続けている。サウナとワインと音楽が好き。

Twitter：@Haruna_F1207

mimi さん

世界と日本の架け橋になることを自身のスローガンとしているノマド。輸出業やマーケティング、翻訳、パーソナル英会話などをオンラインでこなしつつ、世界各国の滞在先のローカル店や会社で、短期間だけ働くローカルノマドでもある。'23年の間に起業するのを目標にしている。

Twitter：@Mimichan_1004

masa さん

元看護師・現ノマドワーカー。ヘルスケアの知識や経験とコンテンツ開発・マーケティングのそれぞれの視点から、個人や企業をトータルサポート中。世の中の「医療職はIT・ビジネスに弱い」を払拭するために、ビジネスに強い医療職を増やしていくことを目標としながら働いている。

Twitter：@psychonurseblog

森卓也 さん

世界3周131ヶ国を旅する六本松蔦屋書店旅のコンシェルジュ。「旅と本は世界を健やかにする」と蔦屋書店の各メディアで旅の素晴らしさを発信中。旅の書籍ライブラリ構築やイベントと観光と地域のPR案件、最近はエシカル領域も担当。月に一度は海外を旅して業務に落とし込む旅マニア。

Instagram：@mori_concierge_travelbooks

MaSaTo世界一周学校 さん

「世界は僕らの学校だ！」と、2年半かけて世界一周をやり遂げ、これまで103ヶ国を旅した冒険家。サハラマラソン250kmや南極マラソンなど、世界の砂漠マラソンも5つ走破。「わたしをつくる冒険」を掲げて「自分色に輝きたい学生」と一緒に冒険する世界一周大学の校長をしている。

Twitter＆Instagram：@masato_tabi

山田裕貴 さん

観光業界に4年間勤務。結婚を機に退職し、夫婦でノマドに。元々旅が好きで学生時代はアフリカ縦断、会社員時代は有休を使ってパプアニューギニアやチベットへ。将来の移住先を探すために世界中を「試住」している。現在はトルコやジョージアに滞在し、広告制作やSNSプロデュースを行う。

Twitter：@yama3_local

マリーシャ さん

「やらない後悔」をしないために、30歳過ぎにして世界一周を始め125ヶ国訪問。'14年旅の出発と同時に「週プレNews」で旅の連載をスタート。コロナで世界の旅は中断し、結婚という人生の旅へ。現在は今後の旅やライフイベントとキャリアのバランスなど、人生の歩み方を模索中。

Twitter＆Instagram：@marysha9898

Rico さん

海外リエゾン兼VFXプロデューサー。外国企業と日本企業の国際共同プロジェクトのコーディネートやプロデュースをしている。コロナをきっかけにほとんどの仕事がリモート化したことによって場所を選ばなくなったのでクラウドツールを駆使しながら働いている。のんびり大好きな楽天家。

Twitter：@PpyRico

夢野 さん

大学を休学して「ノマドニア」を卒業後、東欧ジョージアでノマド修業中の青学生。国内外問わず旅行が大好きだったため、旅しながら稼げるようになりたくて就活をやめる。学生をしながらフリーランス兼ノマドワーカーを目指している。時間にも場所にもとらわれない生き方を目指して模索中。

Twitter＆Instagram：@07yum1

RYOMA さん

広告運用と映像制作をしている元サラリーマンノマド。大学卒業後、大手日用品メーカー営業職に就職。約3年間の勤務後、鬱状態になり休職・退職。その後ジョージアにてメインの職を変えながらノマド生活中。趣味は1人旅と、サッカー観戦。カタールW杯で現地観戦デビュー。

Instagram：@ryoma.vamosjourney

吉田恵理 さん

フリーの編集＆コンテンツプランナー、インフュージョンブランド「E CA QUI」ディレクター。リクルートで旅行やグルメ情報誌、Webの企画編集を経験した後ノマドに。今までで最も長く滞在した国はデンマーク。現在は日本文化を海外に発信するブランドを立ち上げ中。

Twitter：@eri_riri

56人の意見や経験を紹介しながら海外ノマドに興味がある人々の不安を解消していきます！

56人の海外ノマドの詳細

海外ノマドたちの統計です。伝えたいメッセージは「どんな人でもノマドになれる！」

年齢を教えてください

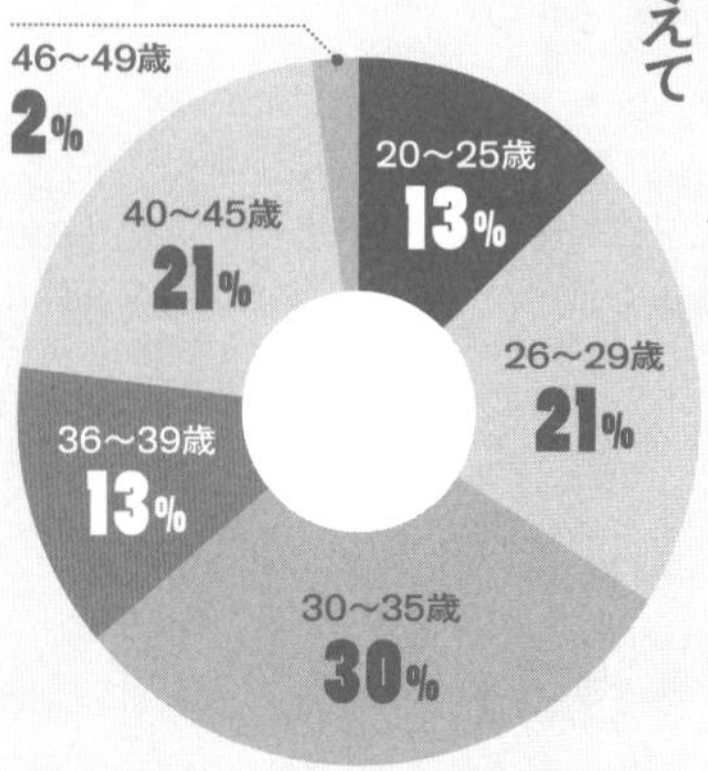

性別を教えてください

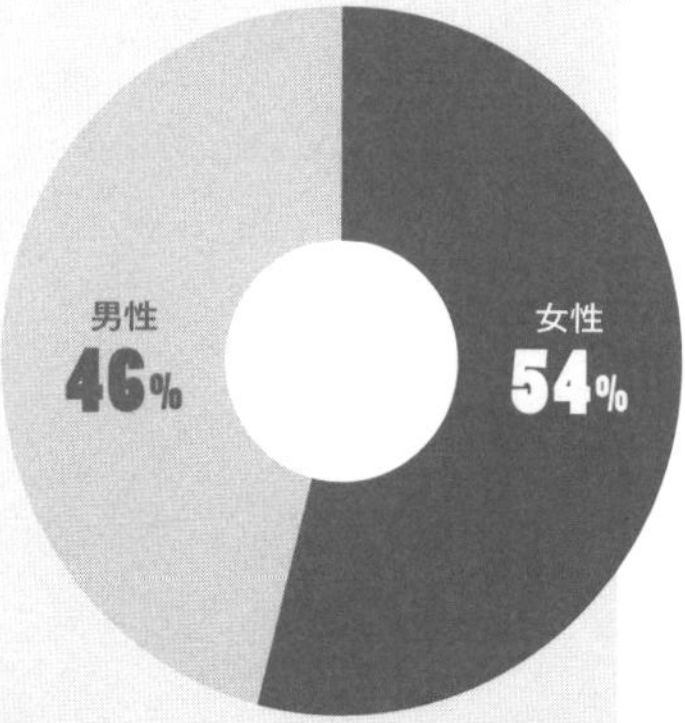

結婚しているかを教えてください

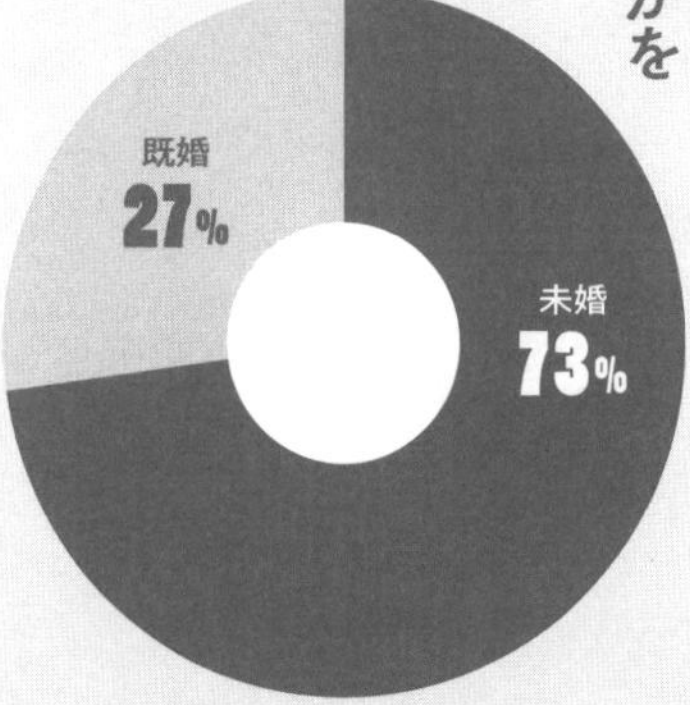

子どもの有無を教えてください

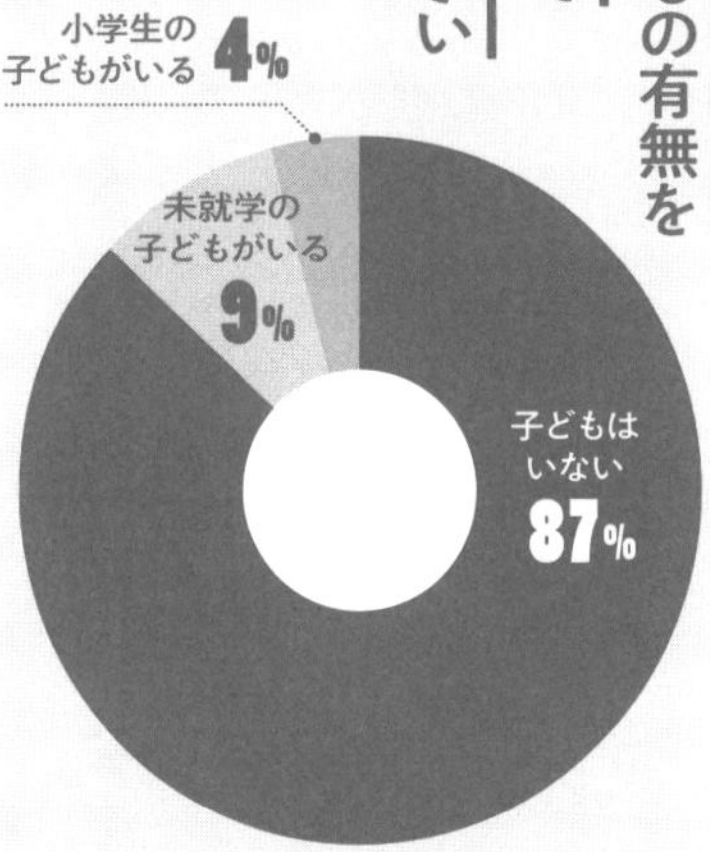

最終学歴を教えてください

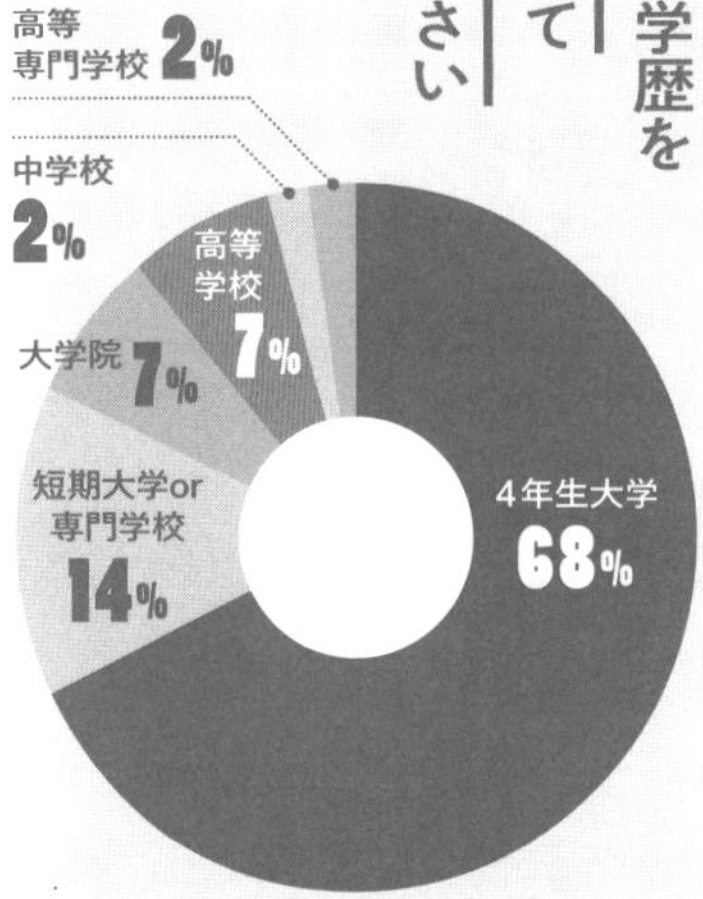

海外ノマドを始めた年齢を教えてください

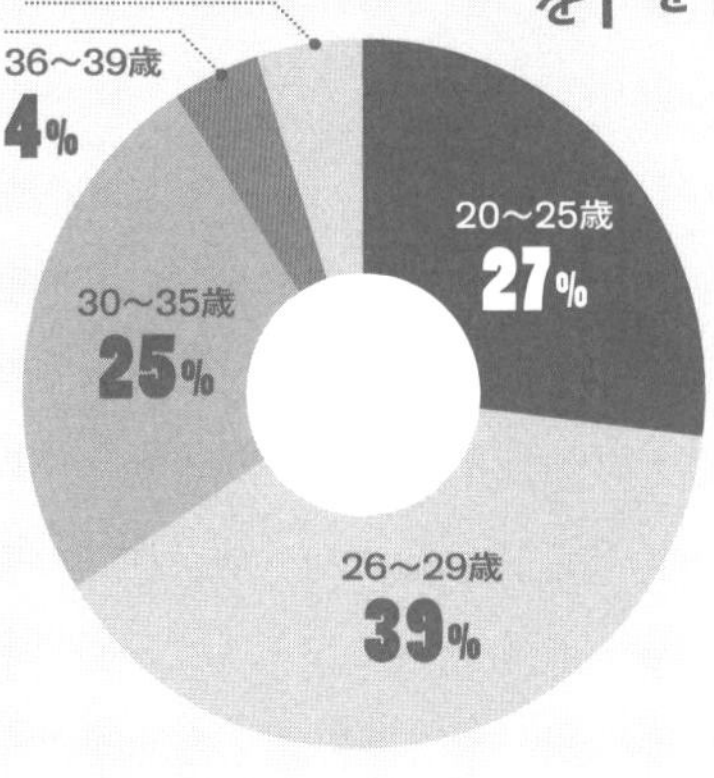

これまでに訪れた国の数を教えてください

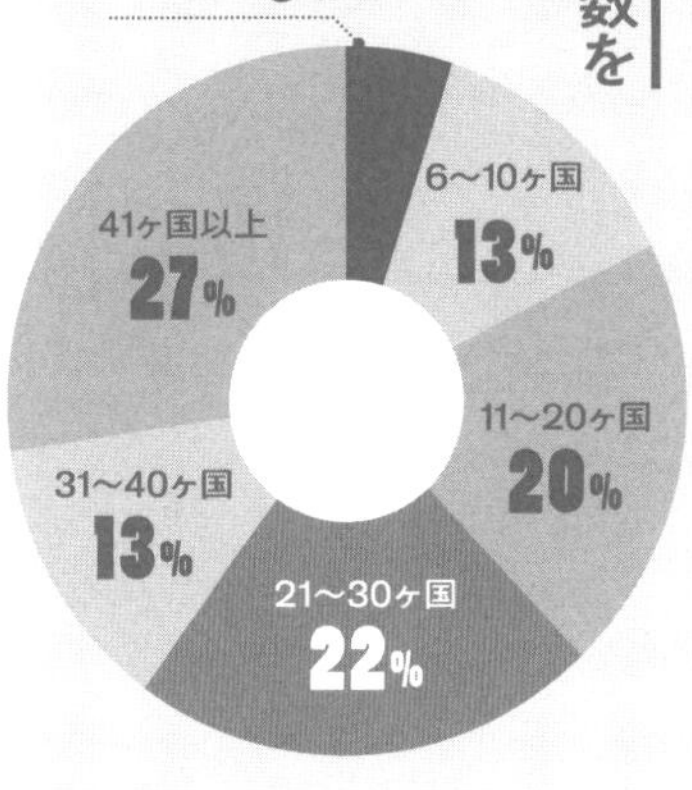

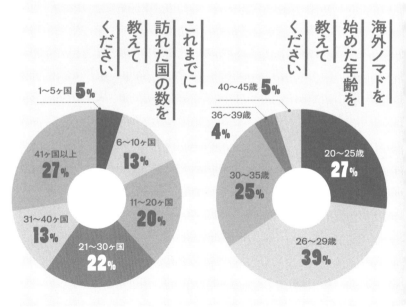

56人の海外ノマドが訪れた国

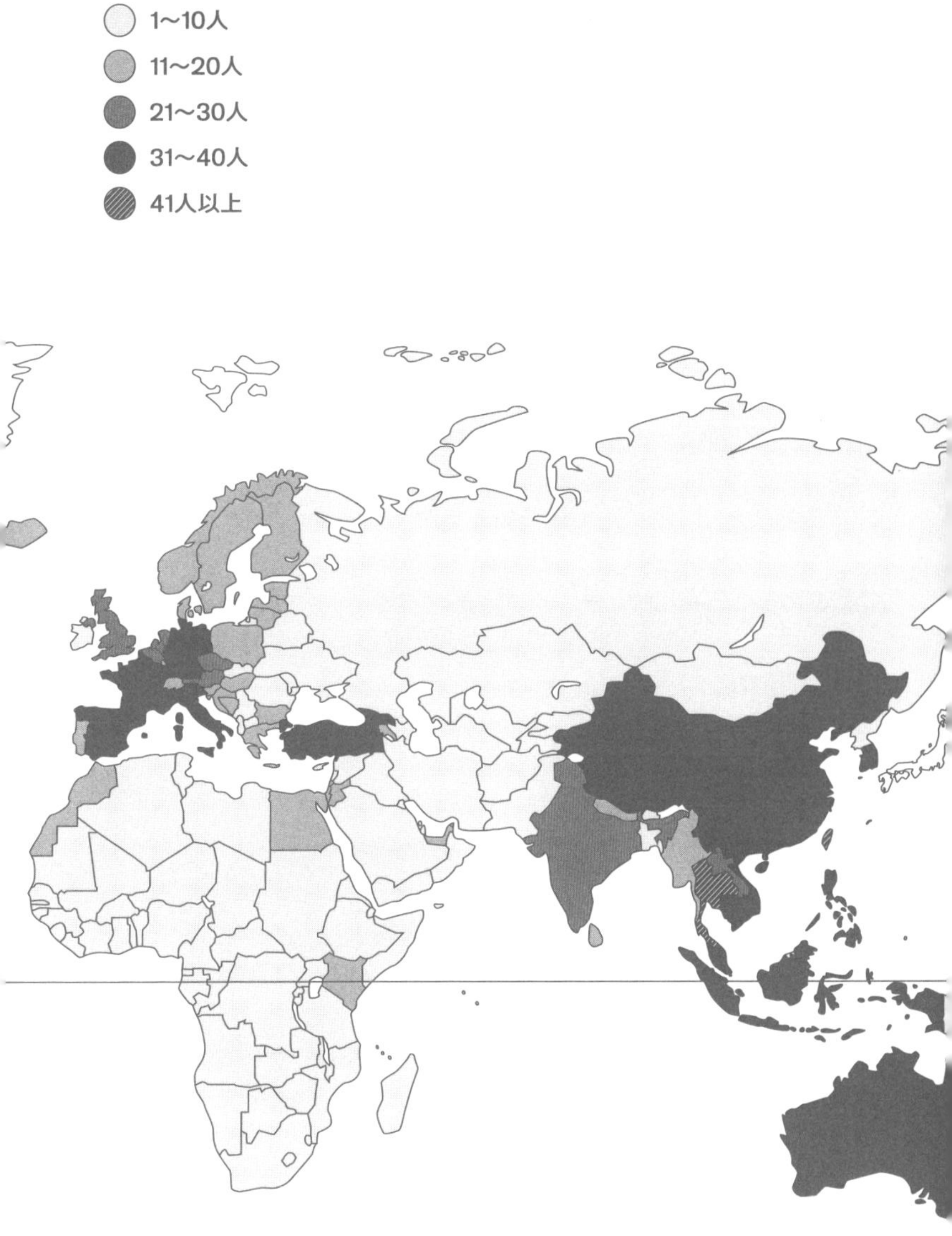
1〜10人
11〜20人
21〜30人
31〜40人
41人以上

56人の海外ノマドの現在の職業

海外ノマドの職業は、王道のデジタルワークだけではありません。一見すると"場所にとらわれる職業"に上手にリモートで対応したり、ノマド先で実施することで成立させています。

ライター・編集者、デザイナー、動画編集者、マーケター、

SNS運用代行、写真家、ブロガー、経営者、Vyondクリエイター、

翻訳家、YouTuber、通訳、アフィリエイター、学生、

スクール運営、スクール講師、プロコーチ、コミュニティマネージャー、

飲食店経営、映像制作、英語講師、投資家、

コンサルタント、会社員、広告運用者、Webエンジニア、

Kindle作家、会社役員、VFXプロデューサー、Webディレクター、

YouTubeマーケター、アートディレクター、インフルエンサー、

ビール職人、移住支援、ドローンパイロット、法人進出支援、

マッサージ師、モデル、ラーメン職人、絵本作家、

奇祭ハンター、採用支援、古着屋、カフェ経営、

雑貨店経営、茶道家、料理研究家、書店員

海外ノマドワーカーの舞台裏

〜アメリカ横断〜

8人乗りのキャンピングカーで、ロサンゼルスからニューヨークまでアメリカを横断しました。行きたいところを全部訪れた結果、走行距離は1万3000kmを突破。車の揺れと時差がある中で仕事をしたのでグロッキーでしたが、最後は慣れるから人間ってすごい。

海外ノマドワーカーの舞台裏

〜ジョージア滞在〜

ノマドの聖地、ジョージア。物価の安さとビザや税制の優遇施策によって世界中からノマドが集まっていました。誘惑が少ないのでじっくりと腰を据えて仕事が出来る場所です。デメリットがあるとすれば、ジョージア料理は美味しくて安いので、太る。

part 03

海外ノマドになる前のこと

海外ノマドになりたいと思ったきっかけは何ですか？

自由気ままに生きたくて

自分の好奇心のままに好きな国で暮らす生き方をしたいと思ったのがきっかけです。元々海外に行くことが好きで学生時代には東南アジアやインドへ１人旅をしていました。大学卒業後は企業に勤めましたが、過労やストレスで鬱になり、約３年間働いた後休職してそのまま退職。それからジョージアへ行ってノマド生活を始めました。

RYOMAさん

夢野さん

やりたい仕事がなくて

大学３年生の時に就職活動を始めましたが、「絶対にやりたい！」という仕事がなく、これから一生続けるかもしれない仕事を選ぶ気になれなかったし、やりたいことがないまま会社に入るのはギャンブルと同じなので耐えられる気がしませんでした。そこで大好きな旅行をしながら働ける方法を探した結果、ノマドに辿り着きました。

さあや さん

海外と関わり続けたくて

学生時代に海外での長期旅に魅了され、13ヶ国を巡りました。海外での生活に未練を感じながらも就活をして新卒入社し、その直後にコロナ禍に。自分の視野を広げてくれた海外との関わりを続けたくて、旅しながら働ける生活を目指すことにしました。職種は元々興味のあったWebデザイナーに。半年間勉強した後、未経験から転職に成功し、今もその会社に勤めながら世界を旅しています。

清野奨 さん

住居を持たない人々に出会って

ITカンファレンスに参加するために海外で働いていた時に「特定の帰る家がない」という人に出会い、自分がいかに固定観念に支配されて生きているのかを知りました。その時は彼らがかっこよく見えたし、世界は広く自分の存在はあまりに小さいと感じました。自らの足で多くの場所やことに触れたいという思いを実現する方法として、特定の家を持たないライフスタイルを選ぶことになりました。

きっかけ

海外ノマドになることを決めた出来事は何ですか？

masa さん

後悔して亡くなる人を見て

医療従事者として病院で働いていて「好きなことをせずに後悔して人生を終える人」が多いことに気づいたことです。そして、「自分もこのままだと同じように後悔して最期を迎えてしまうのではないか」と不安になり、お金や社会的地位よりも、自分の人生を生きることの方が大切だということに気づきました。

しずか さん

旦那が鬱で働けなくなって

イスラエル在住時に、旦那が鬱で働けなくなったことです。同時期に空爆が起き、娘を守るにはどうすべきかを真剣に考えました。企業に勤めると身動きが取れないので、場所に縛られない働き方を手に入れることに。ワンオペをしながら独立して自走していく過程は大変でしたが、今はどこでも仕事が出来る環境に感謝しています。

日本人と一緒に働きたくて

タイでコロナ中に2回の失業を迎えた後、半年ほどジョージアで過ごし、様々なノマドに出会いました。日本人の頑張っている姿とみんなの協力の仕方を見て感動し、その後タイへ戻っても刺激と成長を感じませんでした。仕事のオファーをいただいても自分の未来が見えてしまっていたので断り、ノマドになるためにタイを出た。日本人と一緒に働きたいという強い思いを持ち始めて今に至ります。

ベロニカさん

同僚に毎日嫌みを言われ続けて

以前勤めていた会社で、同僚のおじさんに毎日嫌みを言われて仕事が嫌になったことがきっかけでした。ただ、当時の私は「仕事は嫌だが何がしたいかはわからない」状態。自分が何をしたいのかを考えるうちに「世界を転々として暮らしたい」と思うように。情報収集を開始したら海外ノマド体験を提供する「ノマドニア」に出会ったので、参加を決意。この時初めてノマドになることを決めました。

荻野祐里香さん

反対や心配する人に対してどのように説得しましたか？

帰国後の人生プランを伝えた

世界一周&ノマドに対して、強く反対されるわけではありませんでしたが、両親や祖父母からはそのような雰囲気をひしひしと感じていました（笑）。ノマドでいくら稼げるのかや自分の価値観、帰国後の人生プラン（これが一番大事でした）をある程度明確にして伝えたことが周りの人たちへの安心材料になっていた気がします。

大麻翔亮さん

山田裕貴さん

稼ぐ目標金額を伝えた

大きくは反対されませんでしたが、結婚の報告をしてから3ヶ月後に「仕事やめて海外に行くわ」と報告したので「向こうの親御さんはどうなのよ」という心配はされました。最終的にはどのくらい稼ぐ目処がある、こういう国に行く、いつ帰るなどを伝えた結果、半ば諦めモードで送り出してくれました。今でも近況報告はしています。

両親や親戚は賛成してくれましたか？

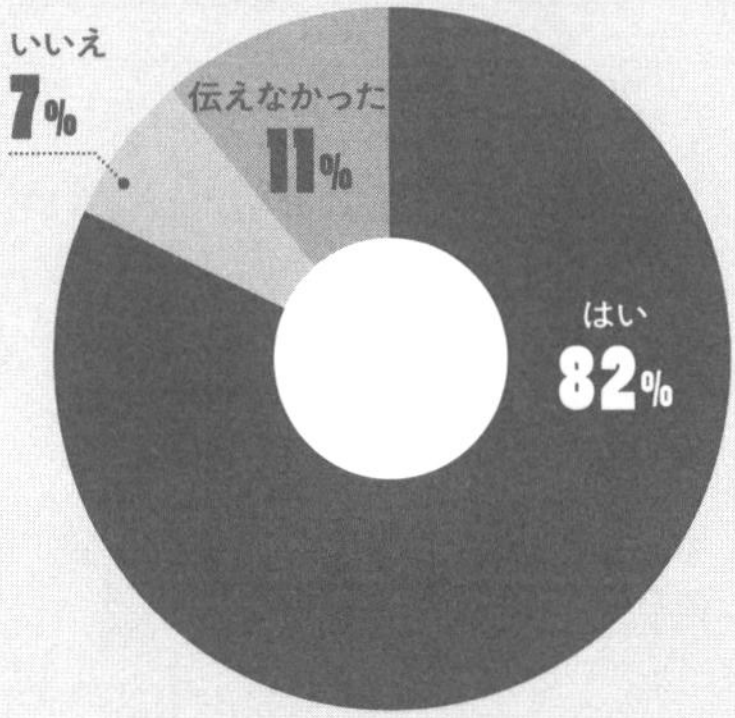

わかってくれる人がとても多い

もっと反対されているかと思い込んでいました。思いや考えを真剣に伝えれば、ちゃんと届くかもという期待が持てます。また、余計な不安を与えないためにあえて両親に伝えないという方法も有効ですね。僕もノマドになることや転職や独立は事後報告していました。（ルイス前田）

平船智世子さん

仕事の実績を共有した

元々学生の頃から学費や生活費といった身の回りのことは自分で責任を持って過ごしてきたので、会社をやめて世界一周することもフリーランスになることも、周りには事後報告。女性ということもあり、海外への一人旅はさすがに親から心配されましたが、実際にノマドとして仕事をしながら楽しく過ごしている人々の写真を見せたり、自分の仕事実績を共有するなどして安心してもらいました。

海外ノマドになる自信がないんですが、まず何をすれば良いですか？

くるまとしはるさん

無理のない範囲で目標設定

全く未知のことへの挑戦に対して初めから自信がある人などいないと思います。会社員時代に得たITスキルを活用出来た私ですら不安しかありませんでした。まずは無理のない範囲で月収の目標を設定することが大事。1円稼げたら次は1万円、10万円と目標を徐々にクリアしていけば、経験が積み上がり自信に繋がっていきます。

一戸英理子さん

職業をリストアップする

場所にとらわれない職業をリストアップし、少しでも興味があるものからスキルを身に付けていき、2万円でも3万円でも良いので稼いでみることから始めると良いと思います。私がITエンジニアとしてノマドを始めた当初は、友達のPCの不調を見ることでお金を得たりしていたので、何でも商売にしてみるのもおすすめです。

まずは行動に移す

難しく考えすぎず、まずは行動に移すことが大事です。専門の人に話を聞く、仕事がほしいアピールをする、追い込むために環境を変えてみるなど。失敗してもそこから改善していくことで大きく成長出来るし、嫌になったらやめれば良い。きっかけはノマドになるという思いからでも、最終的にもっとやりたいことが見つかったり、逆に自分にはノマドは合わないとわかるだけでも大収穫だと思います。

mimiさん

自信がない理由を書き出す

「自信がない」と嘆くのではなく、自信をつけるにはどうすれば良いのかを考えると解決します。私の場合は自信がない理由を書き出し、それを克服する方法を考えて行動に移すうちに自信がついてきました。やり方がわからないなら調べる。やったことがないから不安を感じるのであれば、まずはやってみる。この程度のことでも成功体験になって、自然と自信がついていきます。

荻野祐里香さん

とにかく実績を作ること

とにかく実績を作ることです。企業で働いていると実績がなくても仕事を任せてもらえることがありますが、フリーランスはそうもいきません。ライターの私がやっていたのは、アウトプットをすること。実績といっても仕事以外でも実績を作る方法は色々。ｎｏｔｅで文章を書いてみたり、自分のサイトを作成してみたり、「これが私のスキルです!」とアピール出来るものを作ってみてください。

愛優さん

ゲストハウスに行ってみる

まずはノマドに会うことです。ゲストハウスに行くと高確率で会えるので、ノマドらしき人に声をかけてみましょう。何人かの話を聞くと、段々とノマドにも色々なスタイルがあるということがわかってくるので、真似出来そうなことや取り入れられそうなことを取捨選択するのが良いかと。ノマドたちも最初からたくましかったわけではないので、「自分にも出来そう」という自信に繋がると思います。

市角壮玄さん

著者解説

海外ノマドを目指したらまずやるべきこと

海外ノマドに興味を持ったら次は何をすれば良いのか。とにかく、海外ノマドのハードルを下げましょう。具体的には、現役の海外ノマドたちのＴｗｉｔｔｅｒを探して、アカウントを開設した直後のツイートを見に行きます。

調べたところ、僕の初ツイートは'09年7月1日で「I'm updating my blog.（ブログを更新してるよ）」でした。清々しいほどのＴｗｉｔｔｅｒです。誰も意識していない、まさにつぶやき。

ちなみに、過去のツイートを探す時にはＴｗｉｔｔｅｒの「高度な検索」を使うと簡単です。日時を絞り込んで検索出来ます。

「今は海外を飛び回っているこの人も、昔はこんな感じで普通だったんだなー」と年月の重みを感じられたら、現在のツイートやインタビューを読みましょう。今の自分との距離や違いを感じるかもしれませんが、同時に「同じだけの時間があったら近いところまでは行けるんじゃないか?」と感じられたらハードルを下げることに成功しています。

海外ノマド生活への疑問

英語が苦手でもノマド出来ますか？

Rico さん

心を開いて話せば大丈夫

正直に言いますが、私が海外の会社と仕事を始めた時の英語力は語学学生レベルでした。これに関しては、日々の慣れと鍛錬、怯まないメンタルの強さだと思います。また、人は語学が出来る出来ないよりも、その方が良い人かどうかを見ていると思います。心を開いて話し合えば、想像以上に様々な人と苦労や喜びを分かち合えます。

最低限の現地言語の方が大事

英語は大事ですが、英語以外が必要なシーンも沢山あります。現地の言葉で「こんにちは」「ありがとう」「ごめんなさい」を覚えて、あとは笑顔！（笑顔が通じない国もあるのでご注意を）第2に「トイレはどこですか」「Ｗｉ－Ｆｉは良好ですか」「一晩泊まれますか」を覚えれば旅はほぼ可能。会話をしようという気持ちが大事です。

マリーシャ さん

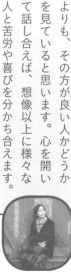

英語力はどのくらいですか？

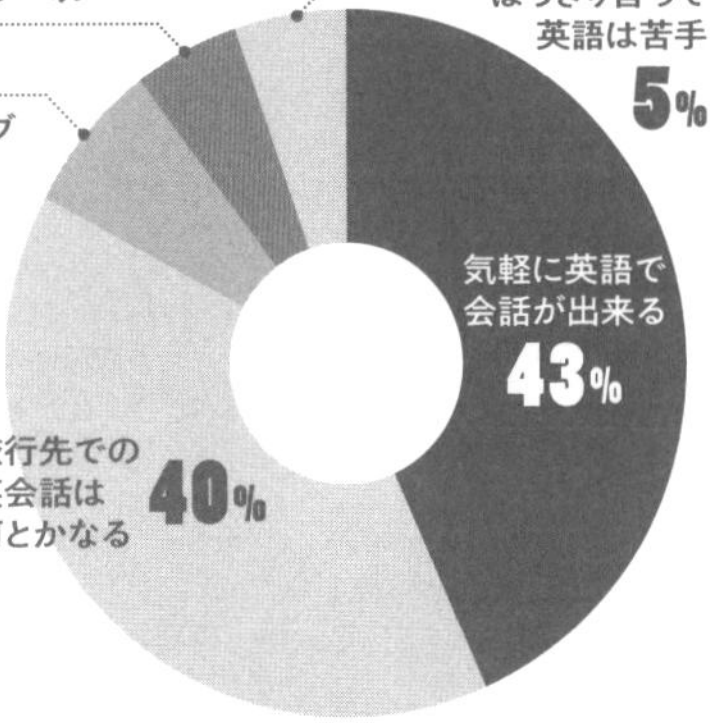

英語が話せなくても何とかなる

南米で出会ったノマドは外国人と常に日本語で会話していました。意味がわからないでしょうが、「大体は通じるから、困ってない」とのことです。話せなかったら、目を合わせて微笑む。単語で伝える。上手な人に頼るなど、何とかなるのがノマドの語学力です。（ルイス前田）

翻訳アプリがあれば怖くない

中学英語30点の中卒なので英語力はないですが、3年間海外でノマド生活をしていて、海外法人を設立し外国人スタッフを雇用した中で、問題を感じたことはありません。全ては翻訳アプリのおかげ。ちなみに英語が流暢な人の国はほとんどないので、行き先がアメリカやイギリス、オーストラリアなどに特化しないのであれば現地のマイナー言語を最初の1週間で20ワード身に付ける方が実用的です。

KOHさん

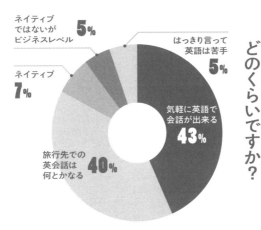

生活する上で定住していないデメリットや 海外ならではのデメリットは何ですか？

自炊が面倒

各国それぞれで手に入る食材が様々で値段も違うので自炊が面倒です。なので、鶏ガラスープの代わりにチキンストックを使おうとか、この野菜はこれと大体同じというように、応用する力が必要。国を跨ぐと、手に入る野菜は変わるし、新鮮ではなかったり、輸入物しかなかったりするので、料理好きな人は大変かもしれません。

chinamiさん

荷物や書類の受け渡し

工夫せざるを得ないことが色々と発生することです。私が困ったのは、やはり荷物や書類の受け渡し。Amazonなどの買い物レベルなら、滞在中のホテルを配送先に指定したり、私書箱的なサービスを使えますが、クレジットカードの更新など、「登録住所」への配送のみの郵送物の場合の時期や受け取り方などには苦労しました。

伊佐知美さん

体重が増えた

ジョージアに10ヶ月滞在したら8kg太って絶望しました。ジョージアには日本水準のコンビニがなく、食事は自炊か外食、デリバリーが一般的。私は料理が苦手且つ物価が安かったので外食とデリバリーに頼り切っていたのですが、気づいたら8kgも太っていました。海外では他人の目を気にせずに生活出来ますが、行き過ぎると自分が太ったことにすら気づかなくなるので注意が必要です。

荻野祐里香さん

物を増やせないことと病院関係

物を増やせないこと。オランダからジョージアに移住する時は、お気に入りの家具を泣く泣く手放しました。洋服や食器も好きですが購入は控えています。一番困るのは病院関係。現地語や英語なので、専門的な用語や説明がわからないのは不安です。また、ホームドクター制を取り入れている国は、病院に行ってもすぐに診てもらえなかったり、早めの手術が必要でも先延ばしになることがあります。

Amiさん

生活リズムが乱れる

生活リズムが乱れる点は大きなデメリットに感じます。日本に定住していた際には、週に5日、決まった時間にキックボクシングジムに通っていたのですが、ノマド生活を送っていると、固定の習慣を作る難易度が上がってしまいます。新しい場所に移動するたびに、習慣がリセットされてしまう感じです。習慣を継続する意志力を身に付けるために、コミュニティ内で毎日のタスクを共有しています。

木村拓也さん

十分な作業環境を維持出来ない

十分な作業環境を維持し続けることが出来ないことです。私は自宅で仕事をしたいタイプなので、自宅に高速Wi-Fiを設置し、PCとは別にディスプレイを置き、体の負担を少なくするデスクやイスなどの作業環境に投資をするのが理想なのですが、移動を考えると持ち運ぶことや、購入することは非現実的なので、パソコン1台でその時の環境で作業をするということはどうしても避けられないです。

RYOMAさん

海外ノマドワーカーの舞台裏

～シベリア横断～

ウラジオストクからモスクワまでシベリア横断鉄道を使って1週間で9300km移動しました。列車内では車掌さんにギリギリ英語が通じるくらい。同乗した人たちとひたすらジェスチャーと単語で会話してましたが、とても仲良くなれました。

海外ノマドワーカーの舞台裏

～イスラエル～

両親に内緒で訪れたイスラエルとパレスチナ。とにかく親切にされて、食事やネットカフェの代金を受け取ってくれませんでした。「あなたの故郷で、あなたが見たことを伝えてくれたら、それで十分だから」と言われた約束を今少しだけ果たせています。

part 04

海外ノマドの始め方

どんな英語の勉強をどのくらいしましたか?

市角壮玄さん

1日20分オンライン英会話

まずはオンライン英会話。一日に20分知らない国の人とおしゃべりをしてるだけと考えると気楽に続けられました。数年である程度気持ちを伝えられるようになって雑談も出来るように。それでもネイティブの早口は中々聞き取れなかったのですが、発音の専門家に弟子入りして基本を叩き込むことで聞き取れるようになりました。

吉田恵理さん

コーチングサービスを3ヶ月間

中学生レベルの英語力だったので、フィジーに語学留学を3ヶ月半しながらリモートで働いていました。帰国後はコーチングサービス「プログリット」を3ヶ月間受講して、その後は独学。働きながらの語学学校通いは短期間でも色んな人と出会えて話が出来るのでおすすめです。'22年は働きながらマルタの語学学校にも行ってました。

海外ノマドになるために英語の勉強をしましたか?

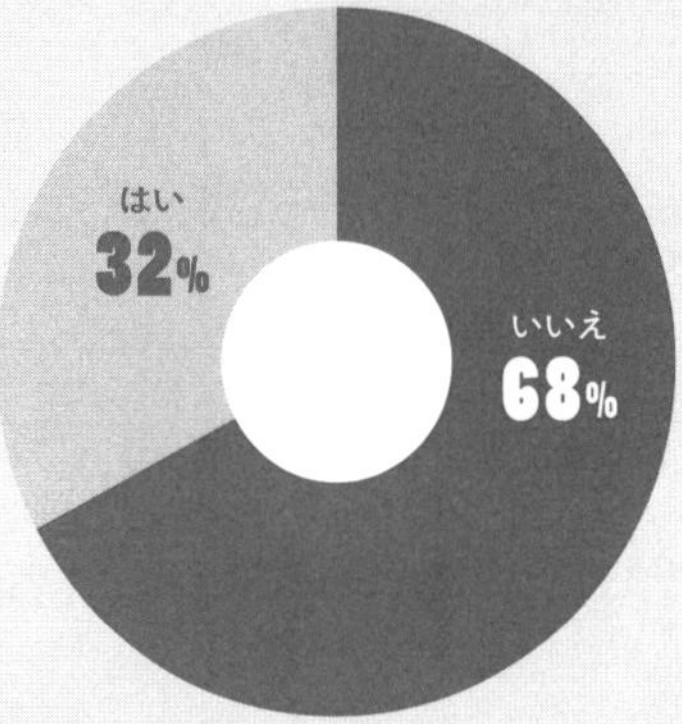

英語より肉体言語が役に立つことも

僕も英語学習はしていません。ワンツースリーが通じなかった経験もあるので、英語は気持ちを伝えるコミュニケーションの1つと考えています。「ダンスやスポーツ、楽器などの肉体言語の方が仲良くなる!」というノマドもいて、サルサとサッカーを勧められました。(ルイス前田)

木村拓也さん

フィリピン留学を2ヶ月間

TOEIC200点台の時に、フィリピン留学したのが英語学習のスタートでした。日本人がいない地域と学校を探し、大学の長期休みで2ヶ月程度留学した結果、日常会話に支障のないレベルになり、帰国後のTOEICでは620点を取得。その後はNetflixで海外ドラマを何度も繰り返し観たり、瞬発的に英語を話すための教材で継続的に学び、900点近くまでスコアを伸ばしました。

どんなスキルアップをどのくらいしましたか？

Webデザインを1日8時間

Webデザイナーになるために職業訓練校に通い、1日8時間以上勉強しました。未経験からでしたが、半年後にはPhotoshopでデザインし、HTML、CSS、jQueryでコーディングしたポートフォリオが完成。入社後も実務経験を重ね、2年働いた頃に、旅しながら働きたい旨を社長に直談判し実現させました。

さあやさん

石井小百合さん

カメラを独学で1年間

カメラを独学で1年間学びました。例えば、夜空の撮影方法だったら検索で出てきたやり方で撮ったり、ぼかし方を真似てみたり。それらをSNSに投稿して、色々な人の反応を見ました。文章は書けなかったので、Webサイトの寄稿を無償で1年間やりました。短期で集中的に学び、時間と共に自分のものに出来るようにしています。

スキルはどのように身に付けましたか?

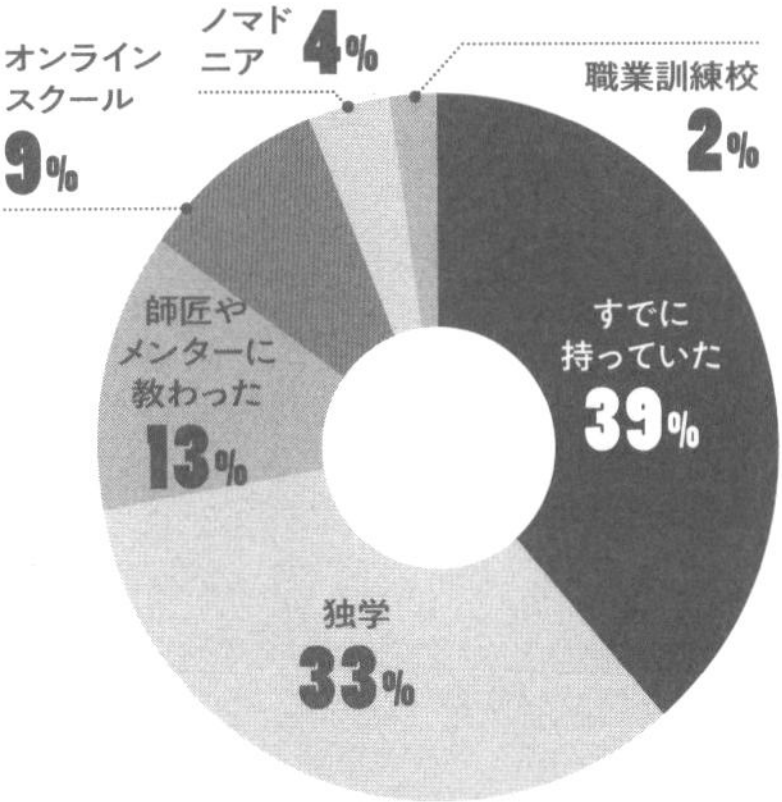

フィードバックを受けられる環境を作る

僕は独学でしたが、学んだことをアウトプットして、反応を確認しながら進めました。どんなスキルアップも、漫然と学ぶだけでは上達しません。自分で改善点を見つけられる人は独学で、難しければスクールや師匠に頼るのがおすすめです。お金はあとで回収出来ます。(ルイス前田)

マーケティングを3年間

前職で、ノマドでも通用するスキルが身に付くマーケティング部署への異動にこだわりました。偶然、マーケティング部署のリソースが足りていなかったため、他業務を兼任しながら、その部署の仕事を主体的に取りに行き、土日は本を読み勉強、平日に本の内容を仕事で実践するなどを行っていました。約3年ほどでノマドや時短でも一定の成果を出すことが出来るレベルまでスキルアップ出来ました。

大麻翔亮さん

海外ノマドになる前に 絶対にあった方が良いスキルは何ですか？

稲川雅也さん

人を集められる魅力

何かに特化した専門スキルと人を集められる魅力です。もちろん専門スキルがあれば自由に働けますが、そのような人はほんの一握り。そうではない場合は、仕事に必要な人材の力を借りられる魅力的な人であることも必要な要素のような気がします。私は出来ないことが周りにバレているので、仕方ないなあと助けられているタイプです。

夢野さん

チャレンジ精神

スキルとは少し違いますが、チャレンジ精神は大事です。自分に出来ることが少ないからこそ、選り好みせずに来た仕事は全力でやる。自分に出来そうな仕事を見つけたら、とにかく応募する。経験不足なのは自分でもわかっているので案件を受けるたびに自分で調べて、言われたことは素直に受け入れ、出来ることを増やしています。

石井小百合さん

コミュ力と生命力

コミュニケーション力と生命力。英語はカフェに行っても困らない程度で良いと思いますが、コミュ力は重要です。わからないことを聞き返したり、納得出来るまで対話すること。バリでぼったくられた時に、知ってる英語を並べて現地の人と言い争ったことがあります。最終的に謝られてお金が戻ってきたのですが、間違っていることは間違っていると主張し、分かち合うことが大事だと思いました。

市角壮玄さん

健康管理と気分転換スキル

「健康を管理する」スキルと「嫌なことを忘れる」スキルです。日本みたいに医療がしっかりしている国に滞在しているとは限らないし、自分でビジネスをしていれば会社は守ってくれません。食べ物や運動、睡眠を意識してアスリートのような気持ちを持つことが重要です。もう一つは、嫌なことや上手く行かないこと、不安なことがある時は上手に気分転換が出来ると前向きに人生が開けてきます。

著者解説

海外ノマドに必要な18種類の技術

海外ノマドに必要な技術を整理しました。

●生き方や働き方を実現するスキル
●売り物となるスキル
●仕事を支えるスキル

の3部構成です。ズラッと並んでいますが、全てのスキルは必要ありません。ついつい、売り物となるハードスキル（ライターや動画編集など）に意識が向きますが、大切なのは、人生の方向性を決めるワークスタイルやライフスタイルに関連するスキルです。どんな働き方をするのかが決まってから売り物を決めた方が

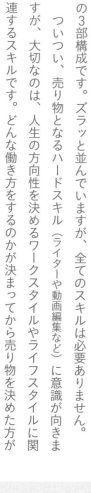

海外ノマドのスキルマップ

ワークスタイル・ライフスタイル					
会社員	フリーランス	起業家	海外移住	海外旅行	ワーホリ

ハードスキル					
ライター	動画編集	デザイナー	エンジニア	コミュニティマネージャー	広告運用

リテラシー・ソフトスキル					
お金の管理	自己管理	業務管理	コミュニケーション	ブランディング	セールス

迷子になりません。

また、海外ノマドを長く続けている人ほど、コミュニケーションや自己管理に長けています。これらは普段の仕事を支えて円滑に進めるために重要です。

ハードスキルはトレンドや技術発展によって変わりますが、ソフトスキルは古くなりません。ITがどれほど発達しても、誰とも関わらずに仕事を終えることはないので「仕事が出来る人より、一緒に働いたら楽しい人」が優先されることはよくあります。

なお、海外ノマドを目指す人たちから最も相談の多い「どうやって仕事を獲得するのか？」に関するスキルやノウハウはp126以降に詳しくまとめたので、そちらをご覧ください。

退職してから海外ノマドを始めるまでに何をしていましたか？

畑山朱華さん

3ヶ月間ニートしていた

人生で1度は味わってみたかったので、3ヶ月間ニート生活をしていました。やらないといけないことに追われず、「今日は何をやろうかな」と毎朝自由に考えることから1日がスタートするので、心に素直に生きる喜びを感じました。多忙だった時とは正反対でしたが、こうやって生きたいと思うようになりました。

平船智世子さん

被災地ボランティアをしていた

東北で被災地ボランティアをしていました。世界一周するのに自分の国の現状を把握していないのは恥だと思っていたので、約1年間東京と東北を行き来した後に、約1年間世界一周の旅へ。「いつからノマド」という括りはなく、世界一周の発信がいつの間にか仕事に繋がり、仕事をしながら執筆やカメラ、写真を勉強していました。

退職してから海外ノマドを始めるまでの準備期間は？

ゆっくり準備するのも全然あり

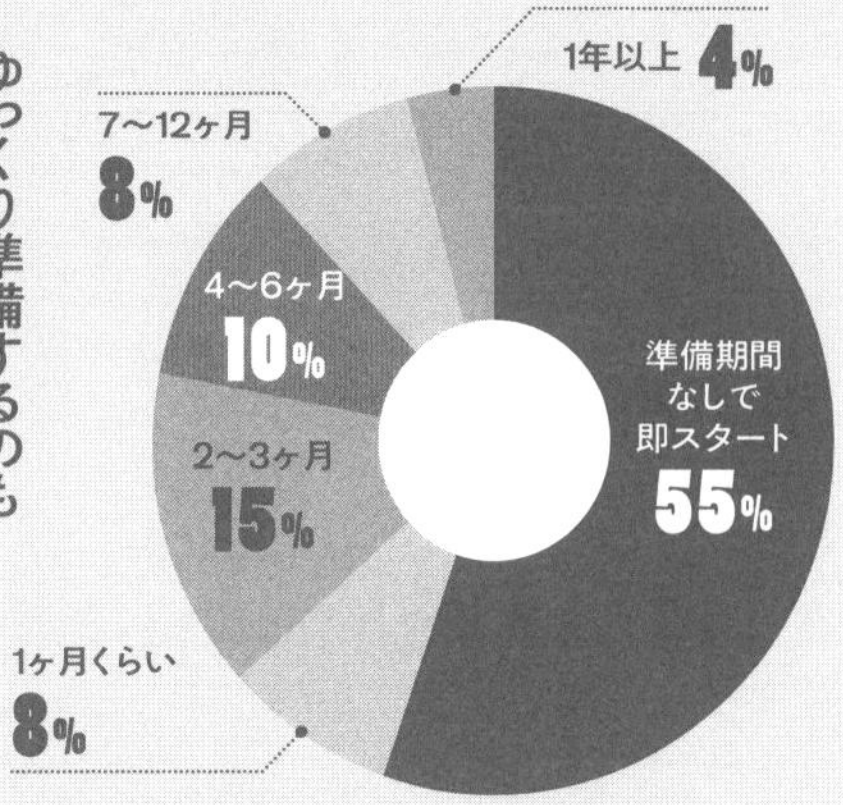

「準備期間あり」と「なし」を比べると「なし」がやや優勢でした。僕も「なし」ですが、退職までに同時並行して準備した期間は4年ありました。退職から即スタートしたいかもしれませんが、長く続くノマド生活ですから、じっくり準備しても誤差程度です。（ルイス前田）

ザックさん

人間関係を洗い直していた

今まで自分が作ってきた人間関係を一度洗い直して、誰が何をやっているのかを明確にしました。誰に何を聞いたら良さそうなのかを考えて話すようになり、今までよりも友人と話す機会が増えたように感じます。その他、SNSでの発信や「note」の連続投稿など、自分が今何をやっているのか、何を考えているのかを言語化して発信することで、周りに知ってもらうための準備を始めました。

退職前に仕事やプライベートでやって良かったことは何ですか?

平船智世子さん

最低限の技術を身に付けること

給料を貰いながら学べる環境があるのなら、とことんスキルを身に付けておいた方が良いので、最低限の収入基盤が出来てから退職することをおすすめします。プライベート面でやっておきたいのは旅と断捨離です。旅先で色々な人の価値観に触れられるので視野が広がって今後の仕事面に活かせるかもしれません。

オカザーマンさん

フリーランスに沢山会うこと

フリーランスの人に沢山会うことです。色々な人と会っていると、会社員の人は我慢しながらも安定を大事に仕事している人が比較的多く、フリーランスの人は比較的我慢することよりも面白いことに挑戦している人が多い印象でした。自分はどちらの生き方が合うのかを知る意味でもフリーランスが集まる会に行くと視野が広がります。

当たり前だけど貯金

当たり前ですが、会社員をやめると定期的な収入が突然なくなります。新しいことをしてすぐに稼げる人は良いけれど、安定した収入を得られるようになるまでには時間がかかる人が多いと思うので、精神安定剤として貯金はあった方が良いです。僕が会社をやめて海外に移住した際には、ある程度貯金があったので、日銭を稼ぐことに執着せずに自分のやりたいことを追求出来ました。

津田昌太朗さん

繋がった人への挨拶まわり

会社員時代にお世話になった人や繋がった人に丁寧な挨拶まわりをしたことです。会社員時代のご縁を大切にすることで、退職後に色々人を紹介してもらえたり、「そういえばこの間デザイナーになるって言ってたよね？」と言われて仕事を貰えたことが多々ありました。今までに積み上げてきた人を改めて大事にすることによって、そこから新しく得られるものがあると思います。

杉野遥奈さん

海外ノマドを本格的にスタートさせた時の貯金額はいくらでしたか？

6ヶ月分以上の生活費を貯金しよう

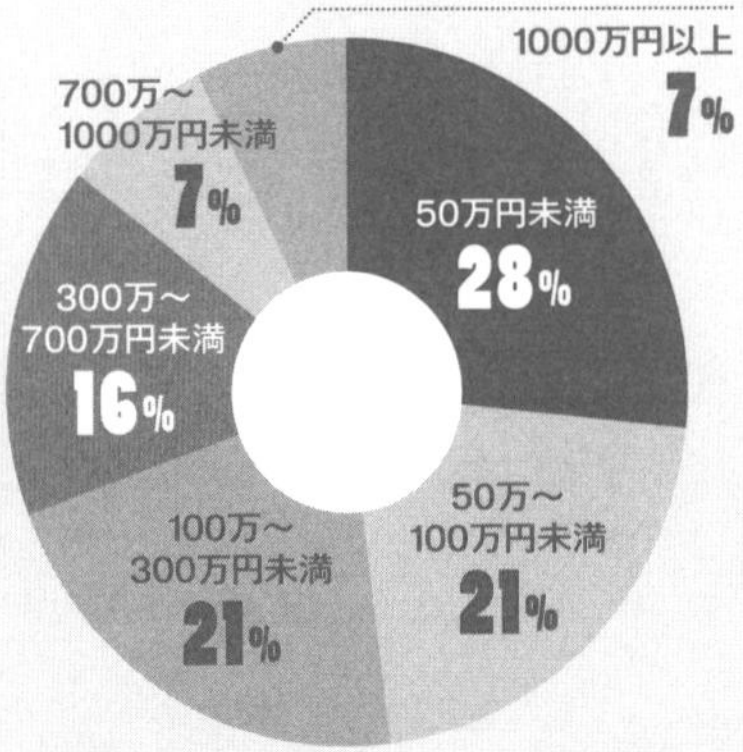

貯金が50万円未満の人が最も多いですが、すぐに稼げなくても不安にならないような金額の貯金をおすすめしています。具体的には生活費の6ヶ月分から12ヶ月分です。物価が安い国に移動すれば、生活費の総額を大きく減らせますので、心と財布が安心です。例えば、ジョージアなら月5万円で生活出来るので、6ヶ月分だと30万円、12ヶ月分だと60万円を貯金するだけで済みます。（ルイス前田）

海外ノマドを本格的にスタートさせた時の月収はいくらでしたか？

黒字にするために生活水準をキープ

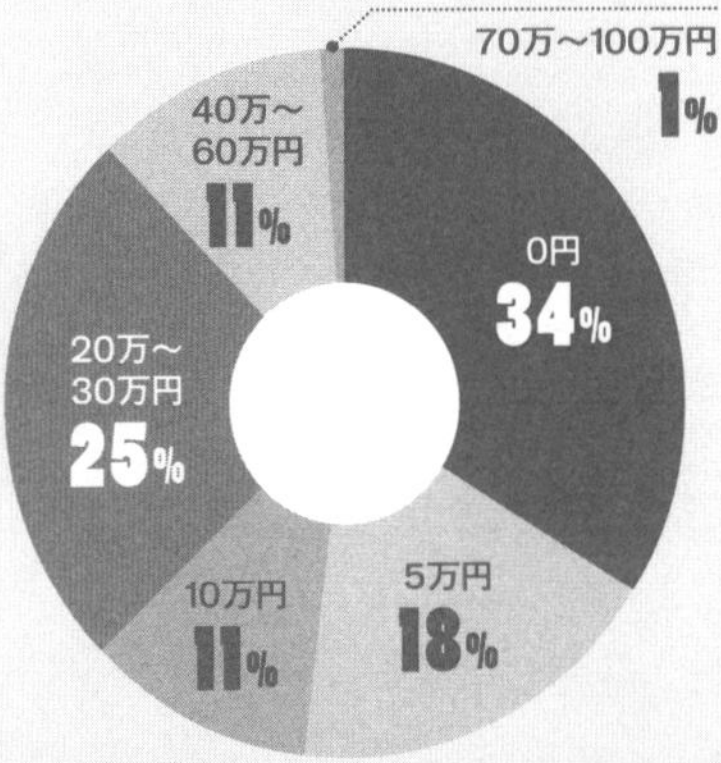

3分の2がノマドを始めてすぐに月収5万円以上の収入を得ていることに驚きました。みんなすごい。ただし、金額より重要なのは「収入が支出を上回っているか」です。黒字か赤字か。収入が少なくても、黒字なら銀行残高は減りません。つまり、ノマドを目指すなら、生活水準が上がらないようにしましょう。引っ越ししない。サブスク減らす。保険や携帯のプランを見直すなど。（ルイス前田）

日本に帰国した時はどこに滞在してますか？

シェアハウスに住むと安い

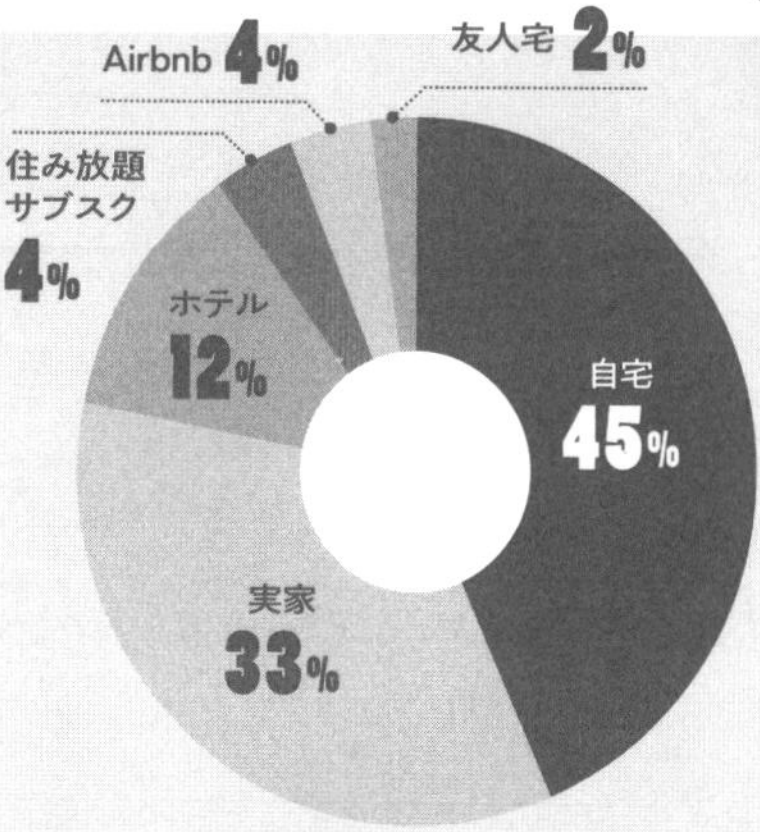

僕がノマドを始めた頃はシェアハウスに住んでいました。友人たちと大きな家をシェアしていたので、家賃は光熱費込みで毎月4万円。当時は、仕事の関係で年間の半分は日本を拠点にしていたことと荷物を置ける、郵便物を受け取れる、行政上の住所として使えれば十分に割安だと考えていたので、5年ほど継続しました。海外ノマドが本格化してからは、実家にお世話になりました。(ルイス前田)

住民票はどうしていますか？

金銭面で住民票を抜くメリットは大きい

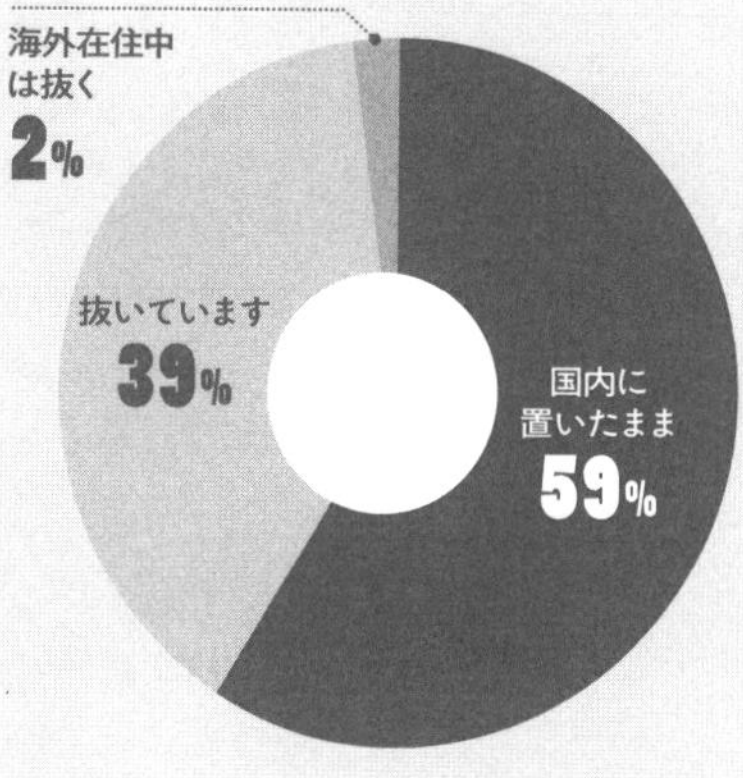

年間を通して日本に滞在しないなら、住民票を抜くメリットは大きいです。健康保険と住民税は累進課税（所得が多いほど高くなる仕組み）で計算します。そのため、スーパーサラリーマンとして大活躍して、沢山収入を得た分だけ、パンチ力のある請求が届きます。住民票を抜くことで行政サービスを犠牲に、保険料と住民税がなくなります。詳しくはp108-111で解説しています。(ルイス前田)

著者解説

失業手当を受け取る手順とタイミング

失業手当は、雇用保険に加入していた場合、失業後に生活手当を受給出来る制度です。失業手当が貰える金額や期間は離職時の年齢や退職前の給料、雇用保険への加入期間によって変動するので、ハローワークに問い合わせが必要です。

失業手当を受け取る手順

失業手当を受給するには、ハローワークへ行き、離職票を提出して、求職の申し込みをします。自己都合での退職の場合は、申し込み日から7日間の待機期間に加えて2〜3ヶ月の給付制限期間があり、それから受給となります。

その後4週間ごとにハローワークへ行き、求職活動の状況を申告する手続きを行い、失業状態にあることの認定を受けます。認められると約1週間で失業手当が振り込まれます。以降は受給期間の終了まで、認定↓振り込みを繰り返します。

失業手当を受け取るタイミング

手続きは離職後すぐでなくても大丈夫です。離職日の翌日から1年間で期限内に給付日数が収まっていればOK。ただし、1年を超えた時に所定給付日数が残っていてもその分は支給されないので、所定給付日数を確認する必要があります。

フリーランスになっても再就職手当が貰える可能性がある

フリーランスでも、手当が貰えることがあります。ただし、貰うために必要な「失業」とは、再就職する意思と能力がある状態。就職するつもりがなくフリーランスになろうと考えている人は、失業状態と見なされない可能性があります。

海外ノマド生活への疑問

荷物見せてください！

ルイス前田さんの場合

多くのLCCで持ち込み手荷物の上限になっている7kgを下回るように持ち物を選んでいます。冬用の衣類を入れて7kg以下はとても難しいので、夏を狙って北へ南へ自分が移動することで解決しました。

海外ノマドの荷物一覧

☐ クレジットカード（4種類）
☐ 国際キャッシュカード
☐ プライオリティ・パス
☐ 財布

バッグ

☐ リュックサック（NORTH FACE Scrambler Daypack）
☐ デイパック

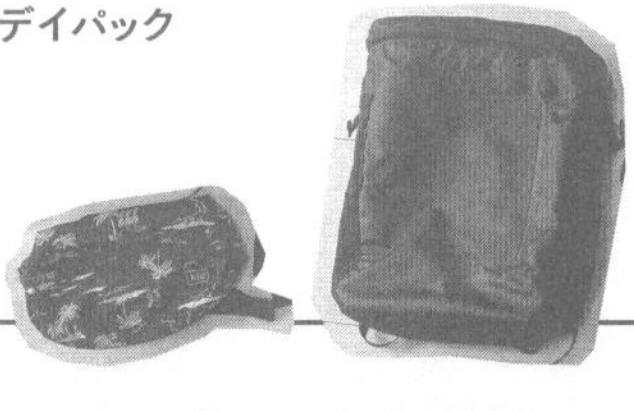

貴重品

☐ パスポート
☐ パスポートのコピー
☐ ワクチン接種証明書
☐ 国際運転免許証
☐ 予防接種証明書
☐ PADIカード
☐ 名刺入れ&名刺

お金関連

☐ 日本円現金（2万円くらい）
☐ 米ドル現金（300ドルくらい）
☐ ユーロ現金（100ユーロくらい）

医薬品

□ サプリメント（ビタミン剤）
□ 酔い止め（トラベルミン）
□ 花粉症の薬
□ 虫除けスプレー
□ マスク

衣類

□ 靴下（3日分）
□ 飛行機用の着圧ソックス
□ 下着（3日分）
□ Tシャツ（3日分）
□ 半ズボン
□ 半ズボン代わりにもはく水着
□ ウィンドブレーカー（NORTH FACE Strike Trail Hoodie）
□ ライトダウン
□ KEENのサンダル
□ 帽子
□ サングラス

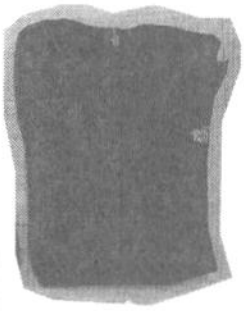

文具

□ 黒ボールペン
□ 消えるボールペン

電化製品と
リュックサックを
軽くするのが
ポイントです！

電化製品

□ Macbook Pro
□ PCスタンド
□ iPhone13
□ スマホの充電器
（Anker PowerCore Fusion 5000）
□ Airpods
□ iPhoneの初期イヤホン
□ タコ足延長コード
□ 変換プラグ
□ カメラ（Sony α7III）

□ 単焦点レンズ
（Sonnar T* FE 55mm F1.8 ZA）
□ カメラの掃除セット
□ アクションカメラ（DJI Action 2）
□ アクションカメラの充電器
□ SDカード3枚
□ 外付けできる防水HD（3TB）
□ USBメモリ
□ 電動髭剃り
□ SIMカードを抜くピン

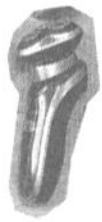

生活用品

□ ポケットティッシュ
□ スイムタオル
□ ジップロック
□ 歯磨きセット
□ 乳液
□ 爪きり
□ ピンセット
□ 日焼け止め
□ プラスチックのスプーン

海外ノマド生活への疑問

荷物見せてください！

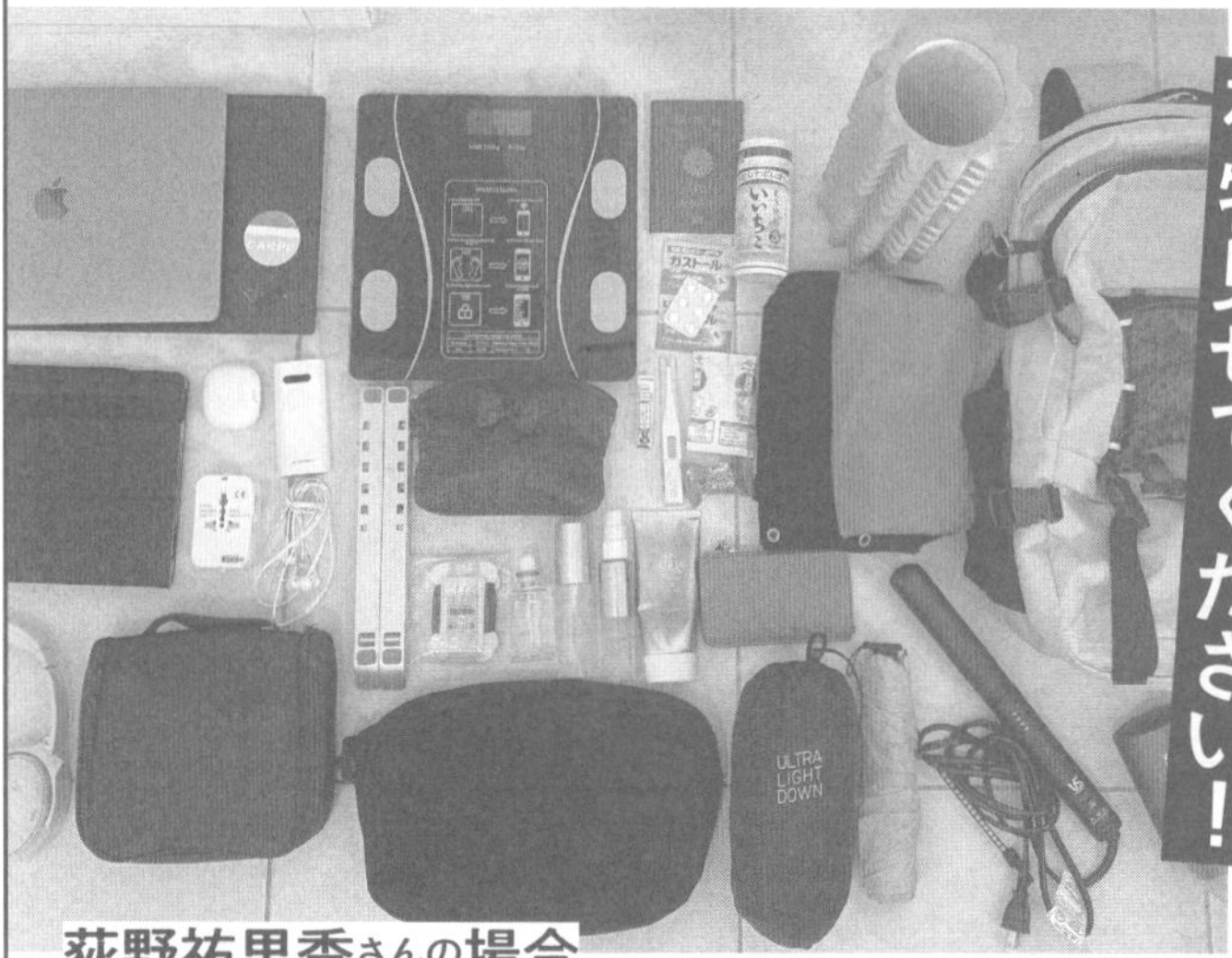

荻野祐里香さんの場合

移動が多いため、こだわりがない日用品や衣服は現地調達しています。そんな私の必須アイテムは体重計などの体型管理ツールです。海外では美味しい誘惑も多いため、太りすぎないよう心がけています。またスキンケアや日焼け止めは日本製品が好きなので数ヶ月分を持参しています。

海外ノマドの荷物一覧

- □ よそ行き用バッグ

電化製品

- □ iPhone13
- □ Macbook Air
- □ ThinkPad
- □ iPad
- □ 可変プラグ
- □ 集中力を高めるノイズキャンセリングヘッドフォン
- □ iPhone純正イヤホン
- □ PC用有線イヤホン
- □ HARMAN ワイヤレスイヤホン

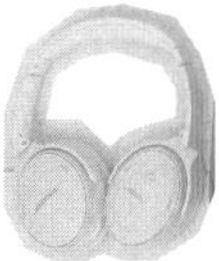

書類

- □ パスポート
- □ ワクチン接種証明書

お金関連

- □ 日本円現金（5万円くらい）
- □ 米ドル現金（300ドルくらい）
- □ クレジットカード（4種類）
- □ 財布

バッグ

- □ リュックサック（韓国で購入したもの）
- □ 斜めかけバッグ

食品

□ 顆粒だし
□ キューブ鍋の素
□ フリーズドライ味噌汁
□ いいちこ

医薬品

□ 頭痛薬
□ 花粉症のための鼻炎薬
□ 整腸剤
□ かゆみ止め
□ 絆創膏
□ マスク
□ 体温計

衣類

□ 下着（5日分）
□ ユニクロTシャツ（2枚）
□ ジーンズ
□ カーディガン
□ ウルトラライトダウン
□ 機内用の靴下
□ 部屋着
□ ビーチサンダル
□ 帽子

文具

□ 黒ボールペン

セキュリティ

□ 南京錠

□ 各種充電プラグ
□ ポータブル充電器
□ PCスタンド
□ 腕時計

生活用品

□ ポケットティッシュ
□ ジップロック
□ 歯ブラシ
□ 化粧水（詰め替え）
□ 機内用のミスト化粧水
□ 美容液
□ ヘアオイル
□ ヘアブラシ
□ 香水
□ 爪きり
□ 折りたたみ傘
□ 化粧品（リフィルも持参）
□ 日焼け止め（3個は持参）
□ 箸
□ 保存タッパー
□ 自炊用の軽量スプーン
□ コップ
□ ドライヤー（タイプC）
□ ヘアアイロン
□ 裁縫セット

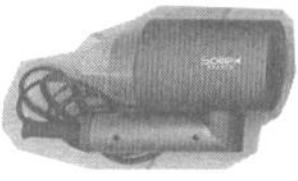

ダイエット用品

□ 軽い体重計
□ フォームローラー
□ お腹痩せのためのコルセット

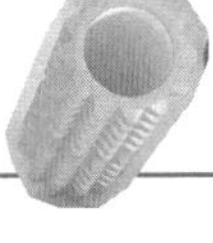

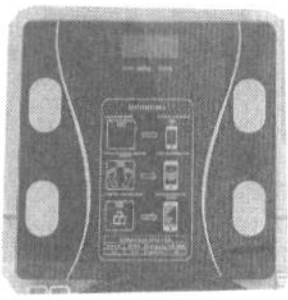

MacBook Pro（14インチ、2021）
チップ：Apple M1 Pro　メモリ：16GB
ストレージ：1TB　重さ：1.6kg　バッテリー：17時間

PCのスペックについて教えてください

著者解説

写真は僕が海外ノマド先で使っているPCです。スペックは上記の通りです。よく聞かれますが、「MacかWindowsのどちらが良いか？」については、どちらも良いです。実態は半々くらいなので、使い慣れている方を選んでください。

スペックはCPU、メモリの2つが重要で、推奨はこちらです。

CPU：最新世代のCore i7以上 or M1チップ以上
メモリ：16GB以上（M1チップ搭載なら8GB以上）
ストレージ：SSD 256GB以上

制作系の仕事（デザインや動画編集）をしないのであれば、スペックはそれほど気にしなくてOK。ただし、PCが原因で仕事が進まないとストレスになるので、迷ったら「大は小を兼ねる」で判断してください。

part 05

お金

海外ノマドと

海外ノマドを始めてから無収入の期間はどのくらいありましたか？

収入ゼロはそう簡単に続かない

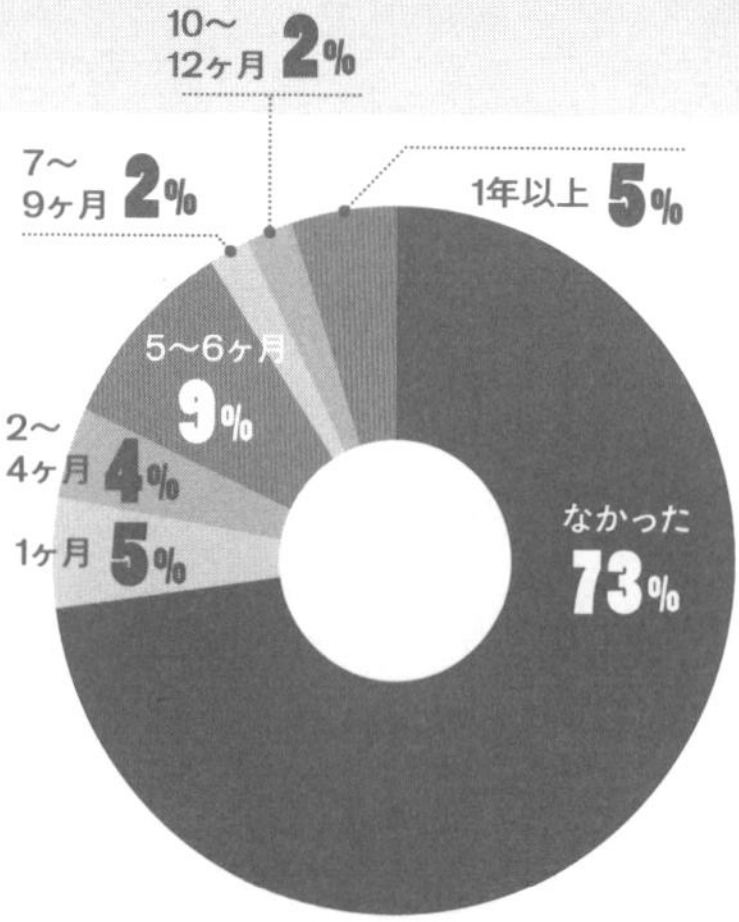

90%以上の人が半年以内に最初の収入を得ていました。1年以内なら95%です。「収入が得られなかったらどうしよう」という大きな不安は、取り越し苦労だとわかります。それでも心配であれば6ヶ月〜1年分の生活費を貯金しておくことがノマドへの第一歩です。「なかった」と回答した人には大学生の方もいますので、経験や技術がなくともすぐに収入が得られる人もいます。（ルイス前田）

海外ノマドを始めてから何ヶ月で黒字になりましたか？

経験・技術なしでも5ヶ月あれば黒字へ

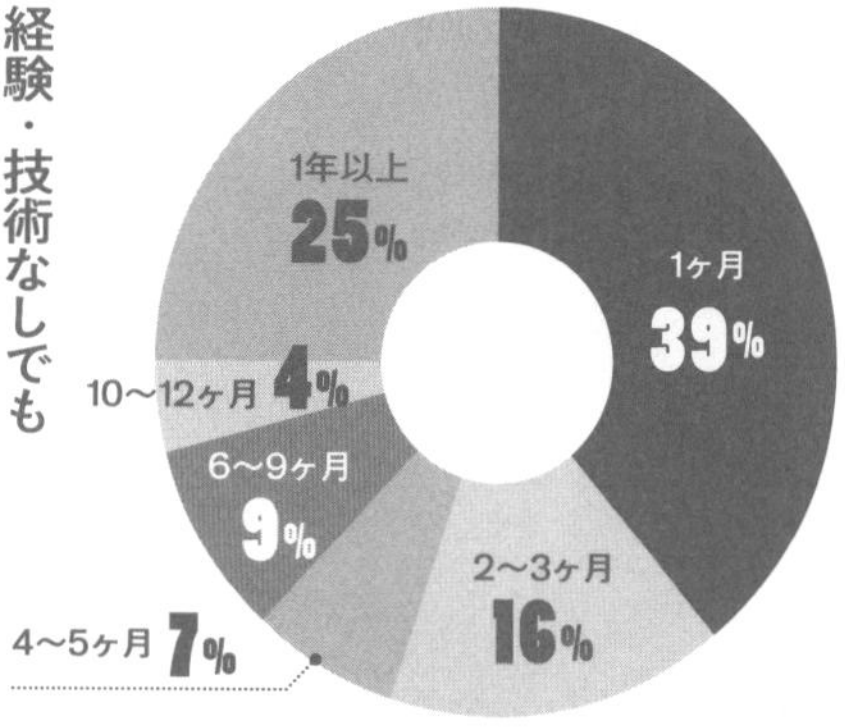

半分以上の人が3ヶ月以内に黒字を達成しています。グラフ外の情報として、僕が知っている「経験なし・技術なし」の人が海外ノマドを目指す場合でも平均して5ヶ月程度で黒字になっています。日々の時間を十分に使えれば黒字は遠くありませんが、会社員や本業と並行しながらだと1年はかかります。今の収入を手放す不安を超えて、一点集中すると結果的に早く実現します。（ルイス前田）

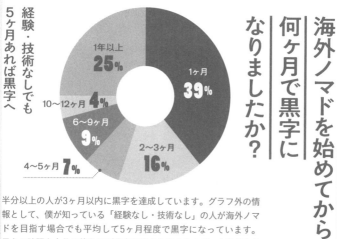

海外ノマドとしての収入はどのくらいですか?

海外ノマドでも年収1000万円を超える

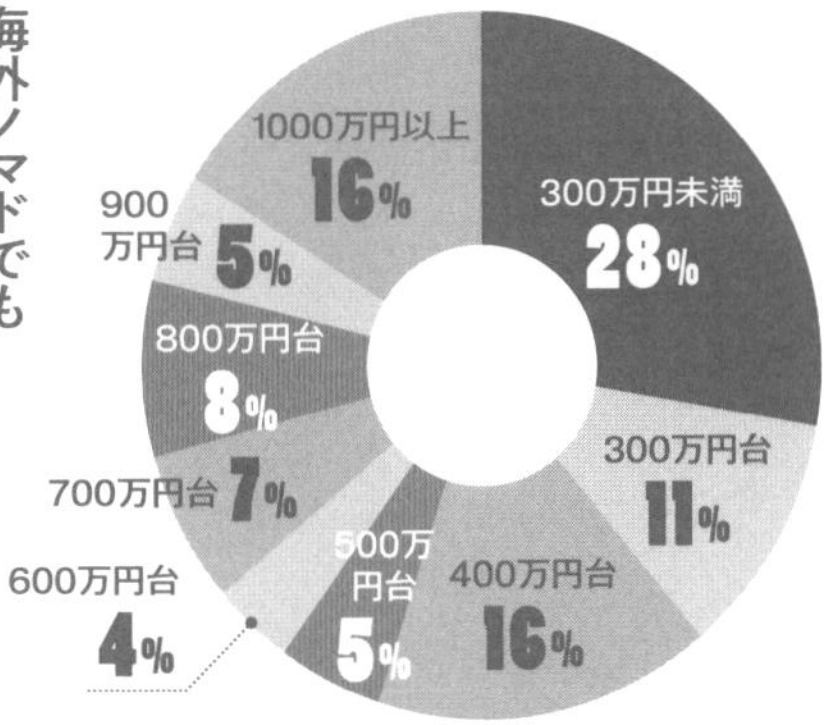

厚生労働省の「国民生活基礎調査（'21年）」によると平均所得の中央値は440万円でした。海外ノマドの収入も中央値は同じくらいです。調査と大きく異なるのは1000万円以上の収入者が多いことです。収入が多いことが必ずしも良いこととは限りませんが、夢があります。暮らしや働く環境が定まらないことが逆にポジティブに働くのかもしれません。（ルイス前田）

海外ノマドになってからの収入の増減はどうですか?

フリーランスになった影響が大きそう

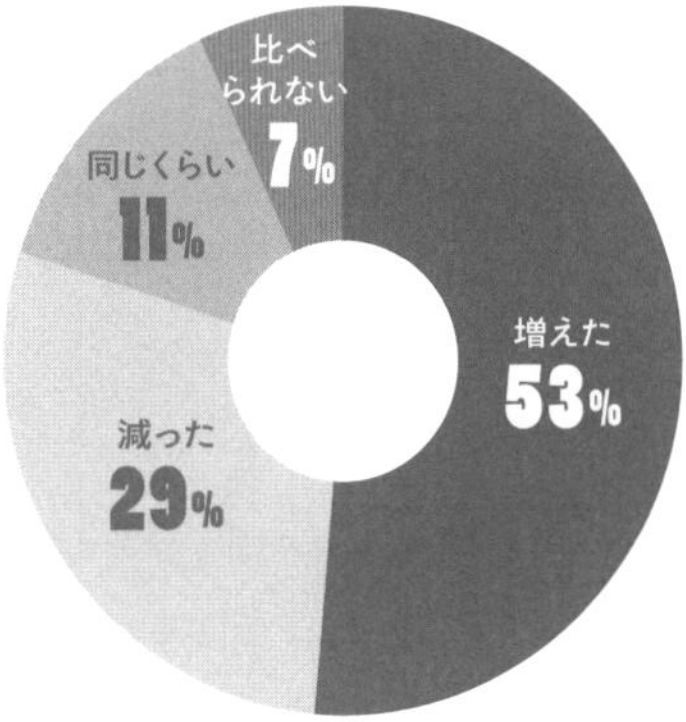

僕は会社員ノマドからスタートしたので、数年は収入が変わりませんでした。しかし、フリーランスから独立したタイミングで収入が増えました。やはり自分の仕事に自分で値段を決められることは大きいです。ちなみに、収入は増えていますが、税金や社会保険、経費などの出費も増えています。今はプラスですが、収入が激減すれば赤字になる可能性もあります。（ルイス前田）

海外ノマドになってから収入が減った方へ。その間のメンタルはどうでしたか？

翌日のことで悩んでいた

お金がないと全てを計算して行動するようになります。いつも憂鬱で何をするにも翌日のことを考えて悩むので、全ての動きが遅くなる。メンタルケアは、とにかく動くことです。どんなに小さくても成功体験を作ることでモチベーションを維持して、「メンタルが下がっているならその分動くべき」という気持ちで動いていました。

ザックさん

ぴきちんさん

とにかく楽しめればよかった

貯金はある程度あったので、「生活する上で最低限だけ稼いで、あとは旅を楽しもう！」というスタンスでいました。せっかくノマドになったのにやりたくない仕事に追われるくらいなら安定したサラリーマンの方がマシなので、「今は人生の休息期間！　本当にお金に困ったらどこかに就職しよう！」くらいの心持ちでした。

古性のちさん

最初から割り切っていた

ノマドの始まり＝世界一周の始まりだったのですが、仕事のあてがないままスタートしてしまったので生活費はマイナスからでした。貯金をしていたので切り崩しながら生活していたのですが「何かが変わる時は少なからず負荷がかかるものだ」と割り切っていました。旅をしながら仕事をすることが念願だったので、不安よりも「やり抜くんだ」という覚悟の方が大きかったのかもしれません。

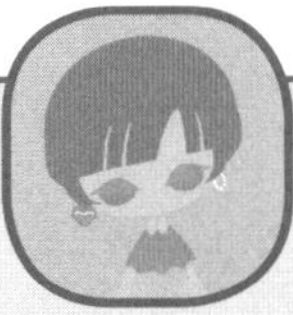

mimiさん

メンタルはズタボロだった

毎日15時間働いても収入が以前の1／10ほどだった時のメンタルはズタボロでした。お風呂にも入れなくなり、ご飯も吐いていました。友人に「やめちゃえば？」と言われ、いただいていた案件の継続を全て断りました。やめた瞬間から気持ちが楽になり、別の職種で再挑戦してみようと心機一転。すぐに別の職種でノマド生活を再開出来、自分に合う働き方も発見出来たので、1回休んで正解でした。

収入を増やすにあたって、工夫したことや努力したことを教えてください

市角壮玄さん

仕事を複数持った

仕事を複数持つと、仕事同士が相乗効果をもたらして付加価値になったりします。「こんなことが？」と思うことでも組み合わせると面白いことに。単純に仕事Aのお客さんが仕事Bを発注してくれたりするのでマーケットも広がります。また、地域を横断してると国ごとのニーズが見えてくるのでそれもビジネスヒントになります。

杉野遥奈さん

稼げると信じきった

自分が求めている金額は稼ごうと思えば稼げると信じきったことと理想の収入から逆算して手段を考えたことです。私は独立当初は会社員時代の給料よりも少し多い程度でしたが、理想の生活やそのためにほしいお金について真剣に考えたら「毎月このくらいは稼ぐようになろう」と決心が固まり、気づいたら理想に到達していました。

来る仕事に全力で対応した

収入にこだわりすぎないことを意識していました。特にノマド1年目の頃は、来る仕事は全て拒まず、多くの仕事をこなしていた覚えがあります。案件の規模や金額にかかわらず、相手が求めている以上の成果を出せるよう取り組んだ結果、仕事の幅が広がり、収入も増えました。結果を出すことが収入の増加に繋がるので、この気持ちを忘れず、今も受けた仕事には全力で取り組んでいます。

木村拓也さん

数字にシビアになった

スプレッドシートに、案件にかかった時間や何にどのくらいの時間がかかったか、時給はいくらになったか、外注はいくらかなど目に見える形で細かく記載するようにしました。すると自分はどんな作業が得意で何が苦手か、何が好きか嫌いか、どういう仕事を今後受けていくべきかなどが見えてきたので、仕事を取捨選択するスキルが身に付きました。仕事を厳選するのも大事なスキルだと思います。

chinamiさん

海外ノマドになる前の収入を超えたのはいつですか？ また、どんな工夫をしましたか？

稼ぐという気持ちを強く持った

初月で超えましたが、2ヶ月後は会社員の半分だったりと不安定なスタート。でも、会社員時代にドベンチャーな部署で働いて成果を出すことに注力し続けていたので「会社員時代の給料は超えるぞ！」という思いで仕事したら稼げるようになりました。「会社員で成果が出せるなら独立して努力すれば稼ぎは増える」と思っています。

杉野遥奈 さん

古性のち さん

自主的に行動した

3年目くらいでした。他のノマドの方と比べるとスロー。気づいたら増えていたというよりは「今月は先月より◯円増やすぞ。それを達成するために出来ることは何だろう？」と自分主催でイベントを立てたり、持ち込みで色々な会社に企画を送ったりと待っているだけの姿勢をやめたことがターニングポイントだったかもしれません。

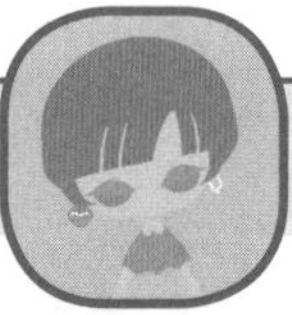

旅する鈴木さん

相手との関係を保った

前職の収入を超えたのは4年目。旅をしていたので、それがお金になるには時間がかかりました。ただその後は、クライアントとの関係が保てれば、定住先が決まっていなくても収入が増減することはなかったです。基本的に、ノマドになったことを理由に収入が大きく増えることはないと思いますが、クライアントが求めるものを必要なスピード感で提供出来ればどこにいても収入は得られます。

畑山朱華さん

小さな仕事を丁寧にやった

ノマドとして仕事を始めてから4ヶ月経った時です。その時は動画編集とコミュニティマネージャーの仕事をしていました。動画編集の仕事で大きな案件をいただいたことが超えた要因です。最初は小さな仕事でしたが、それを認めてもらえてまとまった案件を貰えるようになりました。その分忙しかったですが自信に繋がったと同時に、最初の小さな仕事を丁寧にやる大切さを学びました。

収入が減ることを心配しています。どのように受け止めていますか?

経験を稼げれば良い

お金を稼ぐことは大事ですが、お金に変えられない経験を得ることも大事だと思っています。収入が減る時は、最低限稼ぐ金額を死守する一方で、経験を「稼いでいる」と割り切っています。自分の時間を何に使っているのかを考えて、納得出来るようにすると良いと思います。焦ることもあるけれどお金は後からついてきます。

大澤あつみ さん

クニ さん

長期的なビジョンを持っている

夫婦で所持金が100ドルを切ったことがありましたが、目の前のことを一生懸命やれば死ぬようなことはありません。収入が減ると不安ですが、お金はあってもなくてもそこまで困るものではない。それよりも「どう生きるか」を念頭に置いて長期的なビジョンを持つようにしています。過剰に不安を持つ必要はありません。

最適な生き方を作ればいい

収入を増やしたくてノマドになったわけではなく、自分にとっての「最適な生き方」を作りたくて生きています。例えば、ゲストハウスに泊まるのか、ホテルに泊まるのか、定住する家は必要なのかによって必要なお金は変わってきます。ノマドになることで固定費が減るので、自分のライフスタイルに必要なお金を作る。そういったことを楽しめたら、本当の意味で自由になれる気がします。

MaSaTo世界一周学校さん

生活がかかっていれば仕事する

学生なのでジョージア渡航時の貯金が30万円しかなかったのですが、生活がかかった状況になれば必死に仕事をするだろうと考えていました。貯金が尽きたら帰国になってしまう環境に身を投じたからこそ、今の成長スピードが得られたのだと思っています。頑張らないといけない環境にわざと自分から飛び込んでみるのも一つの手。生活がかかっているので未来の自分が必ず何とかしてくれます。

夢野さん

著者解説

誰でも収入の不安から解放される方法

コロナの大流行と共に独立し、仕事が吹き飛んだ僕の失敗談です。当時は会社員をしながらノマドとして年間の半分を海外で、残りを日本で過ごしていました。副業として旅行がテーマのラジオ番組のパーソナリティーやトラベルライターもしていましたが、生活の基盤を支えていたのは会社からの給与です。

独立したのは'20年3月末。予定していた僕の仕事はことごとくキャンセルとなり、独立翌月の給料は数万円でした。

仕事はないけど時間はある、そして生きないと

「海外旅行を再開出来るまで、別の仕事で生き抜かなければ。そして、また同じ

ようなことが起きた時に今度こそは耐えなければ！」と決意し、職種と業界を広げ続けて、10種類の仕事を同時並行するスラッシュワーカーと名乗り始めました。

職種を増やしたら、仕事の不安から解放された

1人＝1社＝1職の常識から離れて、複数の仕事を持つメリットは3つでした。

- **●収入の分散が危機に強い**
- **●好きなことを仕事に出来る**
- **●仕事の量をコントロール出来る**

コロナの反省を踏まえて収入を分散させたら、一つの仕事に依存しなくなったので、「好きな場所で、好きな時間に、好きな人と働く」を実現出来ました。海外ノマドのほとんどが複数の職種を持っているのも同じ理由です。

最初の仕事はいくらで、どんな仕事でしたか？ 金額を見てどう感じましたか？

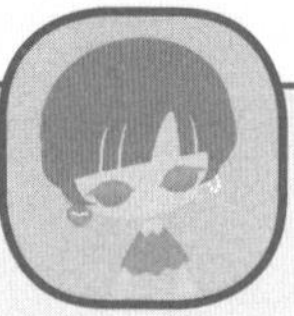

古性のちさん

タイのカフェのまとめ記事作成

最初は、タイのカフェのまとめ記事を書いた執筆料5000円でした。フリーで初めて自力で稼いだお金だったので感慨深かったです。嬉しくて記事を何度も読み直しました。駆け出しにしてはちゃんといただいたのではと思っています。SNSのフォロワーは多くありませんでしたが日々の更新は少なからずプラスに働いた気がします。

伊佐知美さん

旅行記事作成

1本500円の旅行記事作成の仕事でした。今考えると「ワンコイン!?」となりますが、当時は「誰もが書ける日本語で記事を書いてお金が貰えるの？」とウキウキ。自分の文章に価値を見出してもらえることを光栄に思っていました。その後、半年間で報酬が40倍に。1本1万〜2万円の単価になった頃に独立を考えました。

chinamiさん

YouTubeの動画編集

1本5000円のYouTube動画編集でした。初めてだったこともあり、めちゃめちゃ時間がかかったので、時給としては数百円だったと思いますが、初めて自分の力で仕事が獲れたことが嬉しかったです。「自力で稼げた！　私にも出来るんだ！」と自信がつきました。そして「ここから時給を上げて、もっと稼いでいくにはどうしたら良いだろう?」と考えるきっかけにもなりました。

harunaさん

名刺制作

初めは名刺制作の仕事で、5000円くらいだったと思います。その頃は、「これからデザインを勉強していくぞ！」という時期で、まだ何もわからない状態。Illustratorを購入するところからのスタートだったので名刺の作り方に関する記事を読み漁りました。フリーランスコミュニティの先輩からいただいた仕事だったのですが、駆け出しの私に依頼してくださって感謝しています。

毎月どのくらい貯金していますか？

予算から上回った分を貯金

毎月の予算から上回った分の収入は貯金か投資に回しています。毎月の貯金額を決めると、それより低かった時に落ち込むので、1円でも貯金出来ればいいなという気持ちで取り組んでいます。目的や目標は特にないですが、ほしいものがある時にお金が足りなくて諦めるのが嫌なので、未来の自分の機嫌を取るために貯金しています。

mimiさん

ふじさわあつしさん

ピンチの時には換金する

貯金やお金の管理は最も苦手とすることなので、今までは常にカツカツで生きてきました。しかし、このままではだめだと思い、2年ほど前に証券口座を開設。毎日150円ずつ自動で口座から引き落とし、インデックス投資をしています。「投資」と書きましたが、ピンチの時には換金するので、これが実質的な貯金です。

額は決めていない

貯金する額は決めていません。海外にいる時は日本の銀行に振り込まれる収入には手をつけずに生活をしています。なので、日本の銀行に振込がある分は全て貯金という形に。海外にいる間の生活費は海外の銀行に振り込まれた分で生活しています。日本に一時的に帰国している時はその逆です。目的はないですが、お金が足りないのが理由で出来ないということがないような状況にしています。

旅丸shoさん

支出以外は全額貯金

貯金額を決めるというよりは、その逆で、支出を決めて、それ以外は全額貯金または投資をするようにしています。旦那と半分ずつ、Wiseを使って共通の口座に送金。支払いは全てそこからです(今住んでいるタイではお互い11万くらい毎月送金)。国ごとに予算は変わってくるので、そこは毎回調整しています。航空券代は移動の距離などによって大きく変わってくるので、除外しています。

chinamiさん

どんな投資をしていますか？

都内に土地を購入して貸し出し

少額ですが株を始めたり、都内に土地を購入して駐車場として貸し出しを始めました。周りで投資をしていたり不動産を持っている人たちが自由に旅行しているので、その影響も強いです。そのほか、自分の事業への投資も進めています。最近は自宅をリフォームしてレンタルスペースとして貸すという投資を始めました。

二宮信平さん

古性のちさん

長期の積立投資をしている

年齢を重ねてからもお金を気にせずに好きな旅をしたいので、30歳になってからちょこちょこS&P500インデックスファンド中心に長期の積立投資をしています。後は大好きなタイやインドの株も持ってます。目標はまずはわかりやすく1000万円。日々経済の動きも気にするようになり、楽しみながら投資を続けています。

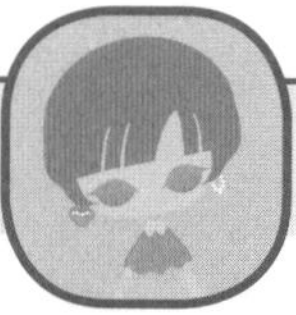

たぶ さん

高金利を活かした定期預金

海外在住なので、新興国の高金利を活かした定期預金をしています。運用しているのはカンボジアでのUSドルの定期預金。コロナ禍中に金利が下がってしまいましたが、'22年からは東南アジアの国々の金利が再び上がっていて、私の預けている銀行では年利4・8％で運用しています。多くの国で定期預金の運用審査・基準が厳しくなっている中、カンボジアではまだ簡単に始めることが可能です。

杉野遥奈 さん

必要最低限だけ銀行口座に残す

体験投資と人への投資、事業投資を何よりも大切にしているのですが「お金がお金を生む仕組み」も作りたいので、金融投資も行っています。必要最低限の金額だけを銀行口座に残し、旅や他の投資で使った後の残りの利益数十万円分は、投資信託などにあてています。おすすめの商品を詳しい友人から教えてもらって選んでいるのと、たまに「最悪消えても良い」金額を仮想通貨に投資してます。

月収の最高金額と最低金額はどのくらいですか？

ふじさわあつしさん

最高金額は90万円

差は85万円くらいです。最低は、ブログ収入とアフィリエイト収入が落ち込みまくった時期で5万円くらいでした。最高は90万円。noteを販売し、良い具合にバズって40万円ほど売れ、同じ月に大きめのライター案件も受注し、合計90万円くらいになりました。普段は大体30万～40万円くらいを推移しています。

RYOMAさん

多かった月は約３００万円

多かった月は約３００万円。動画編集者を始めた当初は数万円の月収でしたが、レイヤーを上げながら、広告運用者となることで額は上がっていきました。スキルアップをしながら動画編集者→動画編集ディレクター→広告運用者になっていったので、収入面はかなり差が出ました。初年度の平均は８万円、現在は平均１５０万円です。

1日で200万円の利益

ネットショップを始めた当初は、全く売れない日がザラでした。在庫を持つ仕事なので初めはマイナスの月しかなく、プラスに転じるまでは2年かかりました。プラスに転じた日が最も収入を得た日。ボリビアのエケコ人形が世界仰天ニュースに出てから2ヶ月後くらいに入荷が決まりました。ネットショップに入れた在庫900体が全て翌朝にはなくなっていて、利益は200万円でした。

二宮信平さん

月収の差は117万円

個人事業主になって2年目の'22年2月の手取りは3万円。そして同年7月の手取りが120万円でした。この2つの時期が最低と最高になります。なぜかと言うと、本来1月にスタートするはずだった2つの大型案件が共に後ろ倒しになってしまったから。2件の案件が共に動き出した5月から溜めた水を放出したかの如く依頼が来始め、7月の手取りが100万円を突破しました。

飯田さん

海外滞在中の毎月の支出はどのくらいですか？

滞在先と内訳を教えてください

ベルリン

家賃＆光熱費	8万5000円
通信費	4000円（現地格安SIMを利用）
食費	2万5000～3万円 （外食と自炊が半々くらい）
雑費	3万1000円 （交通費／クラブ／衣類など）
合計	約15万円

市角壮玄さん

ジョージア

家賃	2万4000円 （ルームメイトと割り勘）
食費	1万8000円 （ルームメイトと割り勘）
電気、水道など	1400円 （ルームメイトと割り勘）
通信費	2000円
合計	約4万5400円

おひょうさん

毎月の生活費の目安は どのくらいですか？

日本で暮らせるなら、
世界で暮らせる

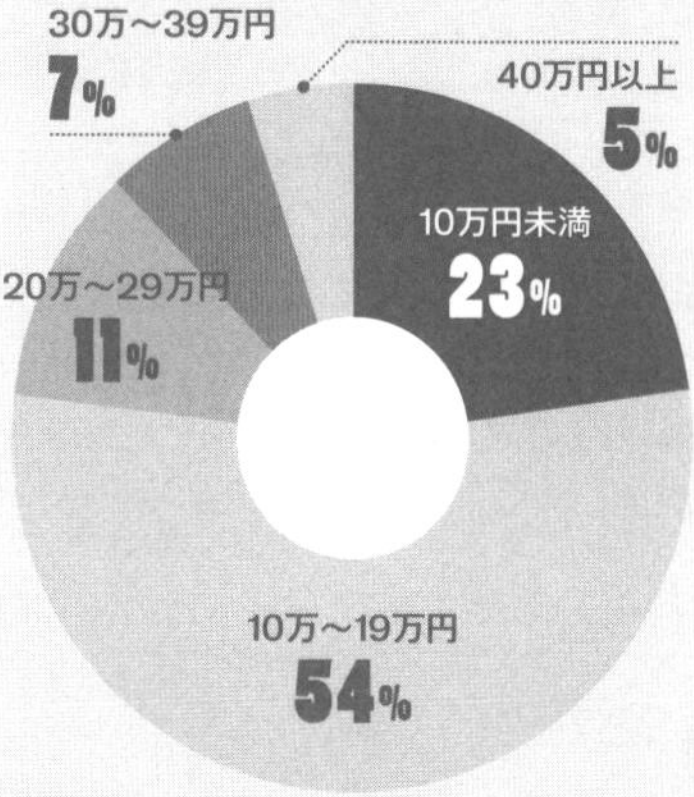

8割近いノマドたちの生活費が20万円以下です。日本で暮らせる金額を稼げれば、世界で暮らしても困りません。北米や北欧など日本よりも物価が高い場所で暮らす時は、それよりも長い期間を割安な場所で過ごして、平均の生活費をキープ出来るのもノマドならではです。(ルイス前田)

タイ

ホステル	3万6000円（1泊1200円）
食費	2万5000円（屋台とレストラン）
通信費	900円
観光費	5000円 （ワットポー入場料など）
交通費	1万6000円
マッサージ	7000円（1時間1200円ほど）
合計	約8万9900円

さあやさん

オランダ

家賃	20万円（Airbnb）
食費	5万円（自炊メイン）
通信費	5000円
その他	1万円
合計	約26万5000円

おばとりっぷさん

フィジー

家賃	7万〜10万円
食費	3万円
通信費	2000円（スマホ250GB）
レジャー	2万円
合計	約15万2000円

畑山朱華さん

著者解説

海外ノマドは5万円稼げれば黒字になる

海外ノマドの長所は、拠点を変えれば生活水準を変えずに生活費を下げられることです。僕の生活費はジョージアで1ヶ月6万円。タイは8万円でした。一方で、総務省「家計調査（'21年）」によると、1人世帯が1ヶ月に使う生活費は15万5046円。賃貸でしたら18万円が相場です。海外ノマドの実例も含めて比較すると、

- ジョージア：5万円
- タイ：9万円
- フィジー：15万円
- ドイツ：15万円
- 日本：18万円

ということで、生活費を抑えられる国に行って月に5万〜9万円を稼げれば海外ノマドとして独り立ち出来ます。

海外ノマドになってから、最も大きな買い物や支払いは何でしたか？

MaSaTo世界一周学校さん

南極マラソン

世界一極寒な場所で走る「南極マラソン」です。5日間で約250km走るレースで、出場費・渡航費・装備など含めて250万円でした。やりたいことにはお金を使うストレスを感じないので気持ちよく使えました。南極マラソンはお金だけでなく2週間以上の休みも必要なので、ノマドでないと参加しにくいかもしれません。

あかねさん

眼内コンタクトレンズ

ICL（眼内コンタクトレンズ）です。旅暮らしにあたり、ミニマリストとして活動したかったので挑戦しました。50万円以上しましたが、やって良かったと思える自己投資NO1です。朝起きた時に全てが爽快に見える幸せ。コンタクトのために帰省する必要やコンタクト洗浄液を持ち歩かなくて済む便利さに日々感動してます。

仕事用のMacBook

仕事用のMacBookです。フリーランスになりたての頃はプログラマーになろうとしていたので、高いスペックのPCを購入しました。最初に質の良いものを買って良かったなと思います。高いお金を払ったんだから頑張らなきゃというモチベーションの維持にも繋がるし、「PCのスペックが足りなくて新しい挑戦を諦める」こともありません。長く使う分愛着も湧くので良いこと尽くめです。

はっちー さん

大人が対話で学びを深める学校

デンマークにある大人の学校「フォルケホイスコーレ」への支払い。55万の支出でした。でも物価の高い北欧で、3食と住む場所、授業料付きで5ヶ月滞在出来る内容なのでお得だったと思います。ちなみにフォルケホイスコーレは18歳以上なら誰でも入れる、入学試験のない学校で、国内外から色々なバックグラウンドを持った人が集まり、対話を通して学びを深めるという不思議な学校です。

吉田恵理 さん

海外ノマドならではの意外と痛い支出は何ですか？

ホテルの個室

ゲストハウスでも全然問題ないのですが、個室を取るようにしているため、その差額が一番痛い出費です。定期的にクライアントとのオンラインMTGが入るので、突発的なミーティングが入っても問題ないようにBooking.comの口コミスコア8・0以上且つ仕事がしやすそうなデスクがある個室を取るようにしています。

鈴木信さん

平船智世子さん

別腹代と情報収集の手間

カフェやホテルなどで作業しているとついつい目に入りがちな飲食メニューの誘惑。別腹代がちりつも出費になるので中々痛い出費だと思っています。後は会社員の出張とは違い、交通手段の予約やホテル手配をしてくれる人がいないので、仕事の他に自分の移動手段の情報収集の時間が取られます。これも立派な出費です（笑）。

木村拓也さん

作業場所

オフィスを持たないことによる作業場所への支出。具体的にはカフェやコワーキングスペースの料金で、1回1回は大した金額ではありませんが、毎日利用すると月に数万円の出費になります。また私の場合、現在日本で賃貸契約をしたまま海外ノマドをしているため、毎月無駄な出費が生じています。固定費を下げることは全ノマドワーカーの課題なのでみなさんは気をつけてください。

塚田エレナさん

交通費とリサーチ時間

まずは交通費。私の場合は計画を直前に立てることや延泊が多く、セールやキャンペーンの活用が中々上手く出来ません。ただ、フレキシブルに動くための時間と交通費を天秤にかけた結果、交通費の削減は諦めました(笑)。他には、交通手段やホテルと飛行機の予約や行き方のリサーチ時間がネックな時もあります。なので最近は、誘っていただいた場所などに行くことが増えました。

海外ノマドとして支出を減らすためにやっていることは何ですか？

岡村龍弥さん

移動と宿泊代を節約すること

結果が同じであれば安い方を選ぶこと。急ぎでない移動は夜行バスを使ったり、1人の時の宿は寝てシャワーを浴びられれば問題ないので安い宿を選ぶなどです。嫌でも急いで移動しないといけない時や、時期により高いホテルを選ばないといけない時があるので、必要な時にお金を使えるよう普段は移動と宿泊代で節約しています。

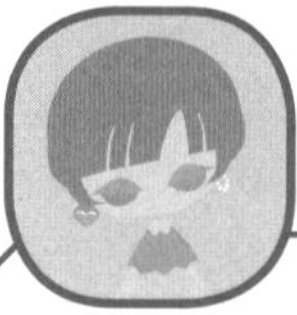

古性のちさん

固定費を見直すこと

固定費はなるべく上がらないように定期的に見直しする日をカレンダーに入れています。サブスクや通信費は気づけば増えていたり、知らないうちに上がっているので。後はやみくもに節約すると心が死ぬので、自分がお金をかけたいこととかけなくてもいいことは常に考えるようにしています。おかげで衝動買いが劇的に減りました。

ローカルに溶け込むこと

ローカルに溶け込んだ生活をしていました。いわゆる観光地では、ローカル店に比べて値段が1・5〜2倍。道を外れてローカルなお店に行くと、クオリティは高くないけれど、安いし美味い！みたいなことが起こります。他にもローカルなバスを利用するなどして、支出を抑えていました。特に物価の高い地域では、1日に夫婦で使える上限を7500円と決めるなどの工夫もしていました。

大麻翔亮さん

各国で合った家探しをすること

新しい国に住む時は、その国のローカル手法を探して、オーナーに掛け合って月単位で直接契約するのが一番。国ごとにFacebookグループがあったり、Webサイトがあったりするので、「どの手法が良いのか」を調べる。そのあと歩き回り、どのエリアに住みたいかを決めたら、そのエリアのアパートに連絡して、見学して、契約する。「月単位契約」と「オーナーとの直接契約」がポイント。

chinamiさん

著者解説

海外ノマドと所得税、住民税の基本

僕は税理士ではないので、自分や周囲の人々の事例を参考に紹介します。まずは、最もベーシックな日本に拠点を持つ場合の所得税の納税から解説します。

日本に居住している人は日本に税金を払う

僕は日本国内に住民票や会社があります。また、仕事を依頼してくれる企業も日本にあり、お客さんも日本に住む人たちがほとんどです。

以上の状況から、海外を点々としながら働いていますが、会社の決算や確定申告などでは、日本に税金を払っています。ちなみに、インターネットを使って遠隔で納税が出来るので、わざわざ日本に帰ってくる必要はありません。

海外で使った経費を円に換算したり、税務署からの電話を受け取れないことがネックではありますが、一般的な納税者と大きくは変わりません。

日本以外で居住している国に税金を払う

次に、海外に拠点がある人の納税です。海外で労働ビザやリモートワーカービザを取得している人、会社を経営している人などは現地の法律や取り決めにおいて納税の義務が生ずる場合があります。

その際は国ごとの税率や取り決めに従って納税します。例えば、東欧のジョージアでは中小規模の個人事業主に対して「スモールビジネスステータス」が用意されていて、税率は売上の1％です。また、国際都市ドバイを有するアラブ首長国連邦では法人税や所得税がかからないことがとても注目されています（'23年から法人税を導入することが発表されました）。

会社に最適な税制度を持つ国で税金を支払うことが出来れば、手元に多くのお金を残せます。そのため、世界的な大企業は各国の税制を上手に活用していますし、収入が多い海外ノマドは同様のことが出来るかもしれません。

海外転出の手続きで住民税は対象外になる

所得税と並んで、覚えておきたいのが住民税の支払いについてです。住民税とは1月1日時点での居住地で前年の所得に関して課税される税金です。そのため、年内に海外転出届を提出して、現住所の住民票を除票。そのまま1月1日を超えて海外で生活をし続けた場合、生活の本拠が国内になければ住民税は対象外です。

このように海外転出届を提出することを「住民票を抜く」と表現します。1年以上海外に滞在する人向けの制度ですが、期間が未定であっても提出可能です。

国民年金や健康保険の支払いの義務もなくなる

住民票を抜くことで、国民年金や国民健康保険、健康保険への加入義務もなくなります。国民年金は毎月定額ですが、国保や健保は前年の所得に応じて増えていくため、住民税と合わせて大きな金額の削減になる可能性があります。

国民年金に関しては加入の義務がなくなるだけで、任意で加入することが可能です。将来の受取年金額を減らしたくない方向けに選択肢が残されています。一方で、健康保険からは脱退となるので、任意で加入はできません。

なお、住民票を抜くデメリットはマイナンバーカードの失効（番号はそのままです）や印鑑証明の抹消などです。メリットとデメリットを比べて、総合的に判断してください。僕の周りではやはり住民税と健康保険の金額の大きさからか、海外ノマドを本格的にスタートする際に住民票を抜く方が多いです。

税金や社会保険について困った時は

海外ノマドをしていると行政の手続きでよく困ります。そんな時は税務署や年金事務所などに電話をかけましょう。日本の公的サービスは世界トップレベルなので、基礎中の基礎からすごく丁寧に教えてくれます。

著者解説

おすすめのクレジットカード3種セット

日本企業が発行するクレジットカードは日本国内でしか受け取れないので、海外へ出発する前に入手します。今回は海外ノマドを守る盾として、海外旅行保険の目線でおすすめのクレジットカードをご紹介します。

中長期の海外滞在をする場合は、エポスゴールドカード（VISA）とリクルートカード（Master）、そして、楽天プレミアムカード（VISA）の3点セットでの利用がおすすめです。店舗によっては取り扱いのないカードもあるので、必ず複数用意。VISAとMasterの二大ブランドは揃えておきます。JCBやAmerican Expressは利用出来る国が限られるので、サブならありです。

自動的に海外旅行保険がスタートする（自動付帯）エポスと、カード利用をきっかけに保険がスタートする（利用付帯）リクルートカードを組み合わせることで、

最大180日間（自動付帯90日＋利用付帯90日）をカバー出来ます。

利用付帯の条件は電車やバス、タクシー、船、航空券などの支払いをカードでするこことです。レンタカー代やUber、高速道路代、駐車場代では保険が有効にならないなどの例外規定がありますので、海外旅行前にご確認ください。

また、楽天プレミアムカードを経由してプライオリティ・パスを入手することで、世界各地の空港ラウンジが使えるようになります。楽天プレミアムは年会費1万1000円がかかりますが、同ランクのプライオリティ・パスは初年度429ドル（約5万8800円）なので差し引き4万7800円お得です。

なお、エポスゴールドカードも、通常の申し込みだと年会費5000円がかかりますが、エポスからゴールドカードへの招待を受けると無料になります。招待の条件は公式には明記されていませんが、僕の場合はカードの利用金額が合計40万円を超えた段階で届きました。

ゴールドカードになってからの格下げはありませんので、ゴールド取得を目指してクレジットカードの利用を一時的にエポスに集中させる作戦が有効です。

著者解説

海外送金を劇的に便利にする金融サービス

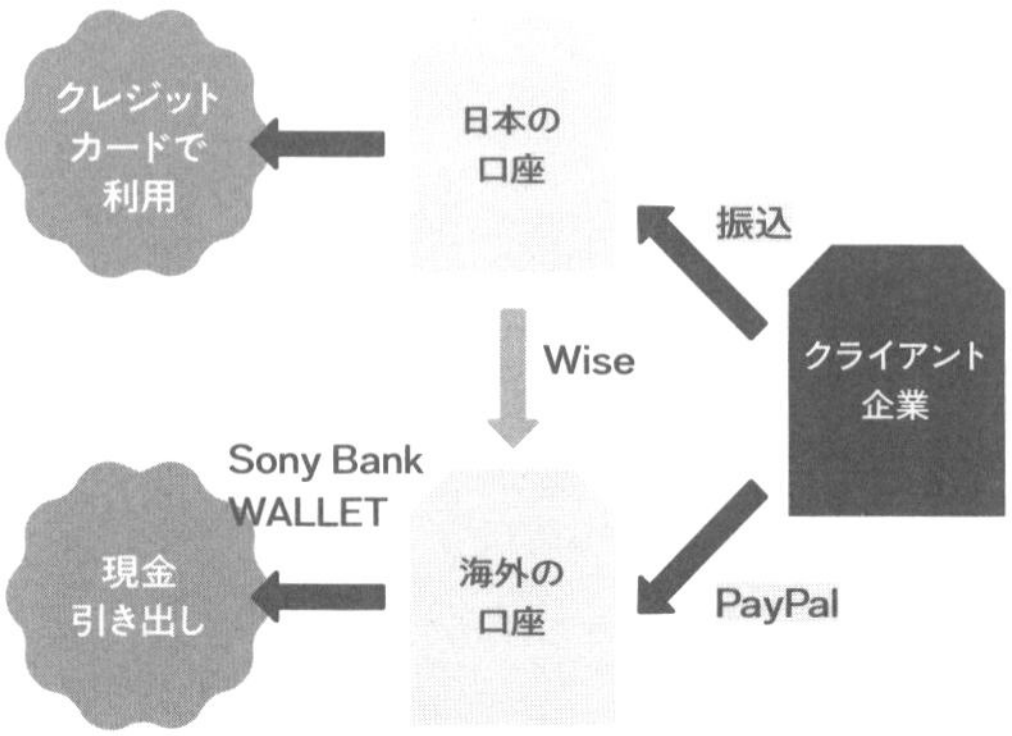

グローバルな金融システムとインターネットのおかげで、海外ノマドをしていてもクライアントとのお金のやり取りや、国際送金がかなりスムーズになり、手数料も劇的に下がりました。

日々進歩している分野なので、海外ノマドが利用している王道サービスを紹介します。アカウントの発行には本人証明が必要なので、国内に住所があるうちに登録を済ませておいた方が楽です。

僕を取り巻く金融系サービスを上にイメージ図で表現しました。ここでは、海外ノマドとしてよく使う3つのサービスを紹介します。

1．海外ATMからSony Bank WALLETで現金を引き出す
2．PayPalでクライアントから仕事の報酬を受け取る
3．Wiseで日本の口座から他国の口座に送金する

海外ATMからSony Bank WALLETで現金を引き出す

ノマド先で現金を手に入れたい場合でも、両替所は使いません。僕は根が心配性なので、空港に着いたら3万円分の現地の通貨をATMから引き出すことにしています。レートと使いやすさを考えて、まずは「Sony Bank WALLET」で引き出しチャレンジをします。VISAまたはPLUSのマークがあるATMであれば引き出せますが、海外なので謎のエラーになることも。「Sony Bank WALLET」がダメならクレジットカードのキャッシングを使います。

PayPalでクライアントから仕事の報酬を受け取る

「日本の企業」から仕事の報酬を「日本の銀行口座」で受け取る場合の手続きは、通常の振込で構いません。しかし、「海外企業」から報酬を受け取る、または「海外の銀行口座」で報酬を受け取る場合は、海外送金の手続きが必要なためクライアント側に手間がかかり、手数料が跳ね上がります。

そこで代替手段として「PayPal」を使った請求書払いを使います。請求書をメールで送り、本文中にあるリンクからクレジットカードで支払いをしてもらうだけなので簡単です。お金は「PayPal」内の口座に保管されるので、そこから銀行口座に払い出ししても良いし、各国の航空会社で「PayPal」払いが使えるので、僕は置きっぱなしです。

Wiseで日本の口座から他国の口座に送金する

国際送金をする場合は「Wise」が便利です。競合するサービスと比較して

しまうと、送金手数料は最安ではありません。しかし、とても良い為替レートで送金することが出来るので、総合的に国際送金時の損失を抑えられます。また、アプリやWebサイトから簡単に送金出来るのもメリットで、口座開設もオンライン。そもそも、店舗がありません。また、送金完了までの期間も僕の実績では2日以内に完了しています。

ところで、海外で銀行口座は作れるの?

旅行者でも作れる国はあります。例えば、ジョージアでは、30分で口座を開設出来ます。僕は「Bank of Georgia」を利用しました。タイのバンコク銀行も長く滞在するノマドは開設しています。また、インドネシアのBNI銀行は条件を満たすインドネシア人の保証人がいれば旅行者でも開設出来ます。

もちろん、外国人の銀行開設が自力では困難な国や、ほぼ無理な国も少なからず存在しています。

お金の管理で気をつけていることは何ですか？

毎月収支記録をつける

毎月収支記録をつけて支出が収入を上回らないようにしてます。また、支払いはクレジットカードを使わず現金かデビットカードです。不便ですが、お金が目減りする感覚を感じつつ消費するため、浪費しづらくなりました。管理しようと思うほど、面倒になる性格なので、そこに割く労力を収入を増やすことに用いたいです。

木村拓也さん

mimiさん

1ヶ月分だけ普段使いの口座へ

お金の管理が苦手で、ある分だけ使ってしまうのでとても気をつけています。まず1ヶ月分の予算を計算し、その金額だけを普段使い用の口座に入れるように。極力デビットカードを使って、連携させている家計簿アプリも定期的に確認。何にどれくらい使っているかをパッと確認することが出来るので、浪費癖が改善されてきました。

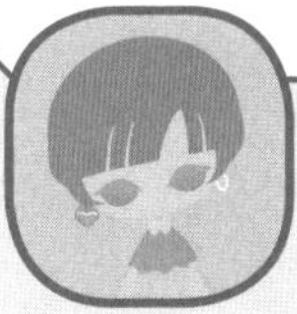

古性のち さん

月に使う額を決めておく

月の最初に使う額を決めておくこと。フリーランスノマドは月々の収入にばらつきがあるので、多く入ると気持ちも大きくなって使いすぎちゃいます。なので、月の最初にアプリに上限額を入れて使った額を引きながら管理しています。大きな買い物をする時は、計画を立てて金額を合わせています。後は口座を何個か持っておいて、月初めに貯金分を分けておいたり。細々色々やっています。

旅丸sho さん

会計をクレカのみにする

会計をクレカのみにして支出がどれだけあったのかがわかるようにしています。為替を気にするのが嫌なので海外で使用するカードは在住しているジョージアの銀行口座から引き落としされるようにし、為替に影響されないようにしています。ジョージアの銀行にはジョージアの通貨以外にも米ドル、ユーロ、ポンドが入っているので、これらの通貨の国の場合は為替を考える必要がありません。

保険はどうしていますか？

鈴木信さん

クレカ＋最低限の別途保険

海外旅行保険が付帯されているクレジットカードを3～4枚持っていっています。'21年からは、クレジットカードの補償の足りない部分をカバーしてくれる保険にも別途加入するように。最低限の補償ですが値段は安いです。よく訪れるヨーロッパでは、最近ロスバゲのリスクが高まっているので、対応出来る保険を選んでいます。

あかねさん

日本の保険の半額の保険に加入

「グローブパートナー」に入っています。本当はいざという時に日本語で助けてもらえるように日本の保険に入りたかったのですが、制限に引っかかって難しかったので、渡航してから加入出来る保険にしました。全て全額保証されるのと、歯医者なども含まれているにもかかわらず、日本の保険の半額で入ることが出来ます。

海外保険付帯のクレカのみ

南米を半年かけて周った時は掛け捨ての保険に入って出発しました。アルゼンチンで強盗に遭ったのできちんと入っていて良かったです。ただし保険代は8万円と結構高かったので、次からは海外保険付帯のクレジットカードで、保険期間である3ヶ月おきに日本へ帰ってくるスタイルに切り替えました。日本でのコミュニケーションや、荷物のリセット、入浴などが出来るので私には合っていました。

マリーシャさん

Safety Wingを使用

ノマドしていた時は、Safety Wingを使っていました。月$42だったと思います。住む国が変わっても、ネットで住所を変えるだけでOK。ただ1回もclaimしたことがないので、実際お金を受け取るプロセスはわかりません。気休めのための保険でした。今はタイに住んでいるので、こっちで1年分の保険に入りました。世界どこでも使えてキャッシュレスで病院に行けるようです。

chinamiさん

治安が悪い国に行く時はどうしていますか？

旅行客に見えないように工夫

現地に住んでいるような服装にします。手荷物は最低限の物だけ持ち、旅行客に見えないように。スペインにいる時に、地下鉄の誰もいない通路で殺気を感じた時は、「私頭イカれてるんだぜ～!!」みたいな歩き方をしたことがあります。これは結構効きましたね。目立たないように、だけど堂々としていることも大事です。

石井小百合さん

バッグは常に体の前に

バッグは常に体の前に置く&手は常に蓋のところに置いています。一眼レフカメラを首からかけている時は、ストラップの先についているカメラもバッグにイン。特に撮影は周りに危ない雰囲気の人がいないかをよく見て、構図は頭の中で大体決めてからカメラを出します。「ここは強烈に怖い！」と思ったらカメラは宿の金庫です。

とまこさん

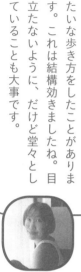

何か起こっても無闇に追わない

治安の悪い地域を事前に把握しておくことです。どうしてもそういうエリアに行かないといけない、通らないといけない時は出来るだけ明るいうちに。言葉が通じなくてもアイコンタクトや挨拶は頻繁に。不穏な空気を感じたら人が沢山いる方へ。仮に何かトラブルに巻き込まれても、追いかけたり、取り返そうとしない方が良い時もあります。最初は勉強代だと思って諦めるのも手です。

津田昌太朗さん

事前の情報収集を徹底

事前の情報収集を徹底します。宿までの往復手段や両替の場所、治安の悪いエリア、やってはいけないマナー、宗教や習慣、犯罪になることのチェックです。お金や貴重品の管理も大切。パスポートは必ずお腹に。下着の上にはもう一枚、ポケットを縫ったパンツをはいて、そこに10万円分ほどのドル札を入れていました。アルゼンチンで両替が必要な時は靴の底に現金を隠したこともありました。

マリーシャさん

トラブルを解決する手段を持つ

夜は外に出ない、その土地の最新情報を調べる、基本的に他人は信じないなど、仕事をしている以上、トラブルを解決出来る手段は常に持っておくことを意識しています。例えばデータは何重にもコピーをするとか、交渉の際は現地の言語の紙面を用意するなど、トラブルを想定した回避策を行っています。単純に仕事を受けている最中にトラブルに巻き込まれないようにすることも大事です。

旅する鈴木さん

日本人に見られないようにする

お金を持っている風に見られない風貌を作ることです。両親に感謝ですが、日本人に見られないような雰囲気を出せているのは我ながらあっぱれです（笑）。現地人同化対策もよくやりますが、スカーフ巻いたり現地の服を着るだけで周りからの視線は減るものです。極度に治安が悪い場所はタクシー移動をしたり、セキュリティーのしっかりしているホテルに滞在したりなどお金で安全を買います。

二宮信平さん

part 06

仕事

海外ノマドと

著者解説

ゼロからノマドワークを見つける7つの営業手法

最初の仕事は友人から。報酬はお寿司でした

僕が初めて会社の外で仕事を獲得したのは、年上の友人からでした。Facebookに「仕事探してます！こんなことが出来ます！」と投稿したら食事のお誘いメッセージをくれて食べ放題のお寿司屋さんへ。

よく会っていた頃は、メーカーで営業の仕事をしていた方ですが、数年ほど会っていない間にベンチャー企業の経営者になっていました。

「良い話が出来たら、仕事を貰えるかも！」とすごく気合を入れて向かったことを覚えています。

最初の仕事はどうやって獲得しましたか？

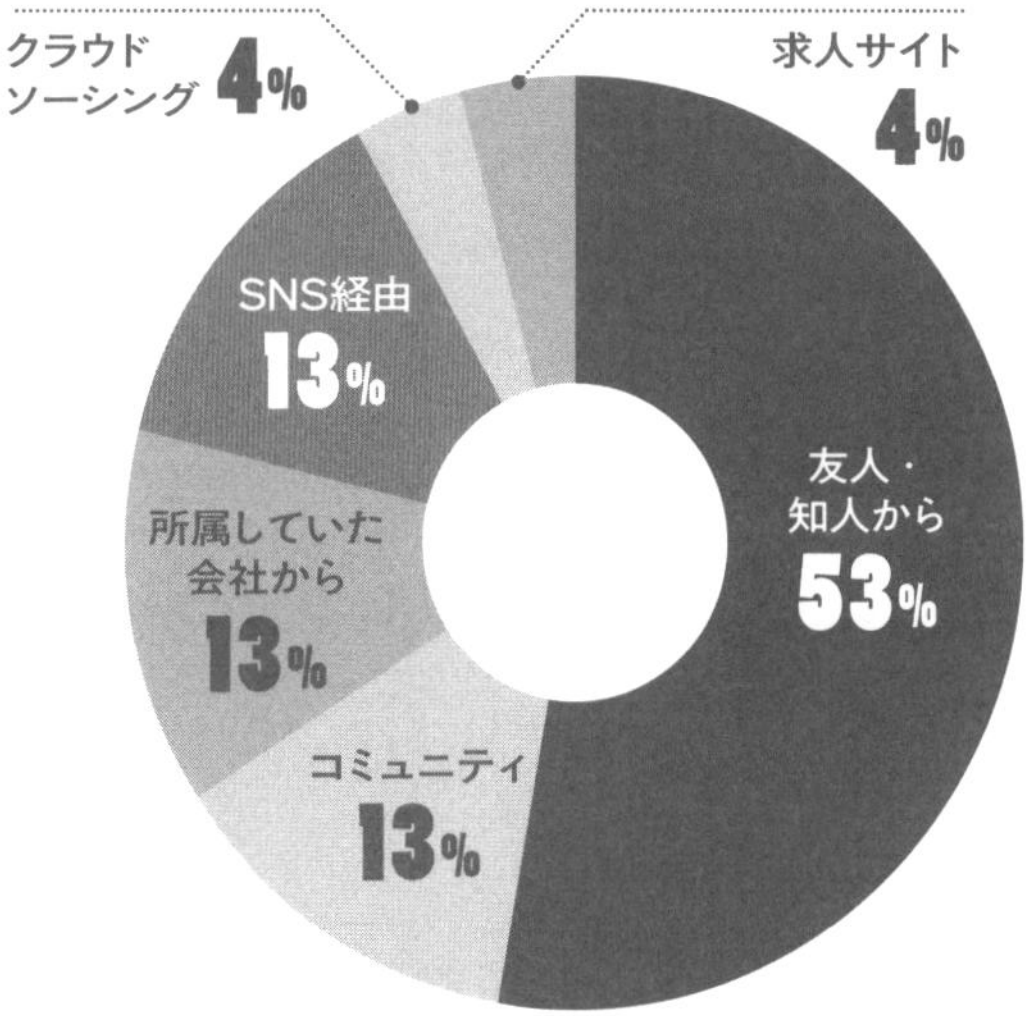

2時間ほど友人の相談に応じながら、自分が出来ることを沢山話していたので、お寿司の味は覚えていません。

頑張ったおかげで、お寿司代をご馳走してもらったのが会社以外で初めて貰った報酬です。

帰り道に「仕事をお願いするとしたら、いつから出来そう？」と聞かれて、ドキドキしながら返答して帰宅。後日、正式に仕事を依頼されました。

一緒に進めたプロジェクトは、お寿司を食べた日から2年半後に完了となりましたが、今でも良い関係なのでそろそろ「お寿司行きませんか？」と連絡しても良いかもしれません。

ノマドワーカーの営業に関する3つの誤解

本題に入る前に「会社に頼らずに自分の力で仕事を見つけること」に関する3つの誤解を解いておきます。

1．SNSのフォロワーが多くないと仕事は見つからない
2．人脈がないと仕事は見つからない
3．ずっと仕事を探し続けなければならない

フリーランスや副業で仕事を探した経験がないと、会社の営業担当やSNSで見つけたインフルエンサーなどの偏った情報に頼ることになるので、これらの誤解が生まれてしまいます。ですが、普段は見えていないだけで、人手不足の会社やプロジェクトは山のようにあるので、仕事はあります。仕事が見つけられなくてノマドを諦めた人を見たことがないので、絶対に仕事は獲れます。

1／SNSのフォロワーが多くないと仕事は見つからない

執筆時点で僕のTwitterのフォロワーは2万1000人ほどですが、仕事の依頼や相談はほぼゼロです。Twitterを始めてから14年経っていますが、イベントへの出演や講演の依頼が数件あっただけ。年間1件以下です。本職にしているマーケティングやコンサルティングに関する依頼はゼロでした。

そもそも、驚くほどダイレクトメッセージが来ません。フォロワーが多くても（僕は）モテません。風の噂で「InstagramならDM来るで」と聞いたことはありますが、「たぶん、そういう問題じゃない」と思っています。

SNSのフォロワーが多くて得をすることはあっても、フォロワーが少ないから仕事が見つからない、ノマドワーカーになれないということはありません。

SNSは必修科目ではないので安心してください。今回の書籍を執筆してくれているノマドたちの中にも、フォロワーが1000人以下のノマドは多くいます。SNSを通じて他人から仕事を依頼されるのは難しいので、もっと簡単な方法をおすすめします。SNSと仕事の関係についてはp160をご覧ください。

2／人脈がないと仕事は見つからない

「SNSフォロワーが少なくても仕事が見つかるのは、人脈やネットワークがあったからでしょ？　仕事をくれそうな人なんて周りにいないよ」と思った人に紹介したいのは、新卒ノマドや元公務員ノマドの存在です。大学を卒業してすぐの人は人脈どころか、社会人の知り合いもほぼいません。また、法律で副業が禁止されている公務員の周囲には副業やフリーランスの相談を出来る人もいません。

つまり、人脈ゼロでもノマドワーカーになれます。インターネットのおかげで働きたい人と働いてほしい人のマッチングサービスは執筆時点で600種類以上が確認されていることからも、人脈だけが仕事獲得の手段ではないことがわかってもらえるはずです。

3／ずっと仕事を探し続けなければならない

「ノマドの営業＝社内の営業パーソン」を想像している方は、営業は辛くて大変で長く続く苦行だと誤解しているかもしれません。しかし、営業パーソンたちは営業の専門家で、営業が仕事です。僕たちは違います。

最も大きな違いは、営業パーソンは全社員が食べていけるだけの仕事を獲得しなくてはならないということです。社員には、直接的にお金を生み出しにくい人事や総務などのバックオフィス、社長や専務などの経営陣も含まれます。

一方でノマドワーカーに必要な仕事量は自分（と家族）の生活に必要な分だけ。沢山の仕事を獲得しても、労働者は自分だけなので期間内に終えられません。

また、単発で終わらずに「じゃあ、次はこちらを……」と継続していく仕事もありますから、ノマドワーカーを始めて半年くらいで仕事がいっぱいになってしまう人をよく見かけます。レギュラーの帯番組でスケジュールが埋まってしまい、他の番組へのゲスト出演が難しくなるような状態です。

自分では受けきれないほどの仕事が来れば、仕事を選んだり、他の方に任せたりと出来ることが増えていきます。まだ見ぬ才能が開花するかもしれません。いずれにしても、仕事は積み上がっていくものなので、営業に駆け回る期間は半年くらい。おそらく、みなさんの想像よりも短いはずです。

ゼロから海外ノマドが営業出来る7つの手法

営業に関する誤解が解けたところで、ノマドワーカーとして海外にいながら未経験の業界で仕事を見つける7つの営業手法を紹介します。手法に優劣はありません。取り組みやすいものから試してください。

1．友人や知人に無邪気にメッセージを送る
2．勉強会やコミュニティに参加して、貢献する
3．クラウドソーシングを使う
4．求人サイトから探して、交渉する
5．退職記事で周りの人に伝える
6．Facebookで決裁者に覚えてもらう
7．Twitterの仕事募集に応募する

1／友人や知人に無邪気にメッセージを送る

既存の交友関係を使って営業する時は「友人の友人」や「友人の知り合い」までを考慮する必要があります。

例えば、これまでずっと大企業に勤めていた方は「仕事を発注してくれそうな知り合いなんていない。地元の友人か、会社の同僚くらいしか繋がりがない」と言いますが、「地元の友人の友人」や「会社の同僚の友人」はどうでしょうか。自分が知らないだけで、そこに仕事があるかもしれません。

ネットワークを通じた営業活動で重要なことは次の3つです。

1．自分が仕事を探していることを知ってもらう
2．自分が出来ることを知ってもらう
3．仕事相手を探す時に思い出してもらう

まずは、**1**と**2**を満たすために、無邪気にメッセージを送りましょう。

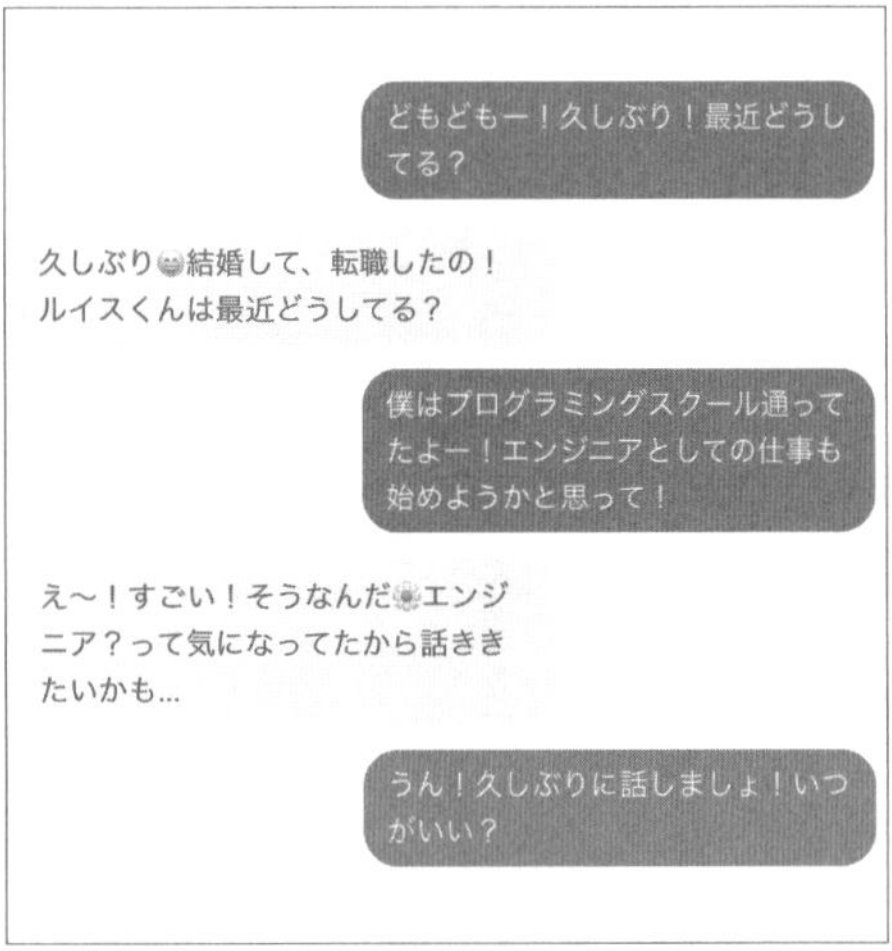
どもどもー！久しぶり！最近どうしてる？

久しぶり結婚して、転職したの！

ルイスくんは最近どうしてる？

僕はプログラミングスクール通ってたよー！エンジニアとしての仕事も始めようかと思って！

え～！すごい！そうなんだエンジニア？って気になってたから話ききたいかも…

うん！久しぶりに話しましょ！いつがいい？


すぐに仕事の話に繋がらなくとも「自分が出来ること」が伝われば思い出して声をかけてもらえます

僕はこんな感じです。ポイントは無邪気さ。長文禁止で、相手の近況を聞きながら自分が新しく始めたことをサラッと伝えます。興味を持ってもらえたら詳しく話しますが、相手が反応しないようなら無理に伝えなくてOKです。

ちなみに「突然すぎるメッセージは何かの勧誘かと思われてしまうかも」と心

配する方は、クッションとなる投稿を挟みましょう。

「近況報告の投稿をする→いいねやコメントなどのリアクションをしてくれた人にだけメッセージを送る」という手間をかけることで「こちらからメッセージをいきなり送ったのではなく、あなたからのいいねに対して反応したんですよ」という理由をつけられます。

2／勉強会やコミュニティに参加して、貢献する

仕事は人が集まるところにあります。そのため、飲み会やフットサル大会などの集まりに顔を出すことは仕事に繋がりやすいです。しかし、僕はお酒が全く飲めませんし、大勢が集まる場所は「誰か1人と仲良くなれたら嬉しいな」くらいに消極的です。

また、ノマドとしての暮らしが充実するほど、リアルな場には参加しにくくなります。その点を考えると、ノマドは営業に関しては不利と思われがちですが、インターネットが環境を変えてくれました。

GoogleやFacebookで検索すれば、無料の勉強会から趣味のサークルまで沢山見つかりますので、

1・自分が会の運営に貢献出来そう
2・自分が探している仕事を出来る人がいなそう

という条件で入りましょう。特にこだわりがなければ、参加費が無料のオンライン勉強会がおすすめです。Facebook内でのグループ検索では1日あたりや1週間あたりの平均投稿件数が表示されるので、活発に投稿されているグループには期待出来ます。

有志が開催している勉強会は運営が大変です。参加者からはお金を貰っていないので、予算ゼロなのに講座を開催しなくてはいけません。多くの勉強会の運営者が、講師をやってくれる人や参加者の前で話してくれる人を探しています。

そこで、勉強会の開催に全力で貢献します。1時間の講師は無理でも、積極的に運営からの投稿に反応したり、アンケートに答えたり、5分くらいで体験談を

話すことは誰にでも出来ます。僕はWebメディアの勉強会に入って、3ヶ月連続でスピーカーを務めました。

運営メンバーにはとても感謝されますし、何度も出番があると、徐々に参加者にも「あ、今回もいつもの前田さんや!」と、準運営メンバーとして認知されます。

これで準備は完了です。運営メンバーに「こんな仕事を探しているんですが、勉強会の参加者にお知らせしてもいいですか?」と聞けば快諾してくれます。

勉強会の運営メンバーにも参加者にも感謝され、自分も仕事を得る機会が増えるという最高の営業方法なので試してみてください。友達も増えます。

3/クラウドソーシングを使う

「仕事は人が集まるところに集まる」の法則をサービス化したのがクラウドソーシングです。簡単に説明すると「仕事を依頼したい人」と「仕事を探している人」をマッチングする場所なので、手っ取り早く仕事が見つかります。サイトに掲載されている仕事は詳細や金額が定義されているので交渉の必要もありません。

しかし、「クラウドソーシング 感想」で検索すると「単価が安い」「稼げない」などの口コミで萎えてしまう人が多数います。そこで、クラウドソーシングの正しい使い方を紹介しておきます。

例えば、大手クラウドソーシングサイト「ランサーズ」では、「レギュラー」「ブロンズ」「シルバー」「認定ランサー」という4つのランクが設定されています。利用頻度や獲得報酬を集中して、一気に「認定ランサー」までランクを上げましょう。使い勝手が劇的に改善します。

認定ランサーになると、企業がランサーズ内で「仕事を頼めそうな良い人いないかなー？」と検索した際に、上位に表示されやすくなります。仕事の受け方が、「仕事に応募して、落選しないように頑張る」から「指名で仕事を依頼される」という形に180度変化します。

認定ランサーになるには7つの条件をクリアする必要があります。例えば、獲得報酬額が各カテゴリーの上位20%、クライアントからの評価で「満足」の割合が95%以上などです。条件だけを見るとハードルが高く感じるかもしれませんが、「ランサーズ」をきちんと利用すれば早くて3ヶ月〜半年ほどで認定されます。

「ちょこっとやってみたけど、稼げない。単価が安い」というのはクラウドソーシングの仕組み上、仕方のないことです。しかし、その先に「待っていれば仕事を依頼される」という世界」があるということはあまり知られていません。

4／求人サイトから探して、交渉する

クラウドソーシングを知っている人でも見落としがちなのが、求人サイトです。僕の周囲で利用率が高いのは、大手の「Wantedly」と「Indeed」です。どちらも様々な検索条件で求人を検索出来ます。「Wantedly」はベンチャー企業やIT系、都市圏にある企業などの掲載数が多く、「Indeed」は中小企業や地方の企業が多い傾向です。

どちらのサービスを利用する際も、海外ノマドなら「副業・フリーランス・パートタイム・リモートワーク」などで絞り込み検索をかけて、後は企業側に話を聞いてみるという流れです。

クラウドソーシングが仕事の募集をしている一方で、「Wantedly」や

「Ｉｎｄｅｅｄ」では人の募集をしているため、仕事が決まるまでは面談や面接、条件のすり合わせなど、やることは多いです。しかし、裏を返せば「良い人だったら条件を調整しても構わない」という仕事が多数あるのが求人サイトなので、上手くいけばピタッとハマる仕事に出会えるかもしれません。

きっちりと仕事の形が確定したものに応募したい方はクラウドソーシング。交渉しながらお互いに良い仕事の形を目指していきたい方は求人サイト。まだこだわりがない方は両方をどうぞ。

5／退職記事で周りの人に伝える

ブログを使って仕事を見つける方法は、ブログが認知されるまでに時間がかかってしまうため推薦していませんが、退職記事だけは書いてほしいです。ブログをやっていなければ、簡単に記事を執筆出来るプラットフォームの「ｎｏｔｅ」を使って1記事だけ書けばOKです。

インターネットにある作法の1つで「株式会社〇〇を退職しました」というタ

イトルの記事を見たことがあれば、それが退職記事、退職ブログです。
書き手が知り合いなら「なぜ退職したのだろう?」「これから何をするんだろ

Google
退職しました
すべて　画像　ニュース　動画　ショッピング　もっと見る　ツール
約 45,500,000 件 (0.40 秒)
https://takahirofujii.dev › articles › job-change
楽天株式会社を退職しました(退職エントリー)
この度、2019年12月31日を持ちまして、新卒入社以来約10年間働いていた、楽天株式会社を退職します。(以後'楽天'と表記します) 最終出社は11月15日に既に終えていて、現在 ...
https://news.yahoo.co.jp › articles
「ツラいので退職しました」…大卒正社員〈非正規への転身 ...
2022/11/15 — 20代の元正社員の男性は、ストレスに耐え兼ねて退職し、その後は非正規として働き、自由を満喫しているといいます。正規社員と非正規社員、それぞれ ...
https://note.com › てっけん
【報告】ねとらぼを退職しました(&この10年でやってきた ...
6 日前 — 私事ですが、11月15日をもってアイティメディアを退職し、約10年関わってきたねとらぼの編集・運営業務から離れました。いやー10年もいたのかと我 ...
https://mzryuka.hatenablog.jp › entry › 2021/07/01
新卒入社して22年在籍した会社を退職しました。(あっさり編)
2021/07/01 — いわゆる退職エントリというやつです。タイトルにある通り、新卒で入社して22年在籍していた会社を2021年6月末で退職しました。
22年って、これまでどんな風に過... · 転職が決まったあとはどうしてた
https://japan-dev.com › blog › leaving-mercari
株式会社メルカリを退職しました - Japan Dev
2022/07/29 — 約3年間勤めた株式会社メルカリを退職して、Japan Devにフルコミットすることにした。入る前から結構いい会社だと思ってたけど、実際に入ってみて ...

「退職しました」「退職エントリー」で検索すると会社名や勤続年数を入れると検索上位に表示されやすいとわかります

う?」と好奇心を強く掻き立てられる記事であり、高い確率で多くの人に読んでもらえる必殺技です。

退職しないと書けないと思いきや、退学や退団など何かから退いた経験があれば同様の記事を執筆出来ます。

退職記事の良いところは、アクセス数の多さと仕事募集を挿入する自然さです。退職してまでやりたかったことやこれからどんな仕事をしたいのか、退職後の連絡先の紹介までの流れをスムーズに展開出来るので、ゴリゴリの営業活動がちょっと苦手な人におすすめです。

執筆の際は以前の会社や職場のことを悪く言わないように注意します。営業目線での退職記事では色々あったことはグッと堪えて、未来に向けたポジティブな内容にまとめましょう。業界や業種が変わっても、昔の上司や同僚と仕事で一緒になることは案外多いです。

なお、高い確率でヒットする退職記事が万が一上手く伸びなかった場合は、しれっと削除して時期をズラして再トライしましょう。インターネットの良いところは削除すればなかったことに出来るところ。ヒットしなかったということは記事を覚えている人もほぼいないので、伸びるまでリトライ出来ます。

僕は前職を退職したことをSNSで報告しましたが、まだ記事にはしていないので、仕事が減少してきたら数年遅れの退職記事を発表しようと真面目に考えています。少しくらい遅れても十分に人が集まる力が退職記事にはありますので、ぜひ必殺技として海外ノマドを目指す人たち全員に使ってほしいです。

6／Facebookで決裁者に覚えてもらう

SNSのフォロワーが少なくても仕事は見つかるとお伝えしましたが、それでもSNSを使いたい場合は「Facebook」がおすすめです。理由は2つ。

1．仕事は顔と名前がわかる人にお願いしたいのが人情
2．仕事を依頼する権限を持つ決裁者の割合が
最も多いSNSがFacebook

SNSでどれだけコミュニケーションを取っていても、顔と本名がわかる安心さには勝てません。さらにFacebookでは、共通の友達が表示されるので、「この人とも知り合いだったら大丈夫だろう」という安心感も加わります。

外資系企業を中心に、社員として採用する前にはリファレンスチェックという、応募者の実績や経歴に偽りがないかを確認をする調査が行われていますが、それに近いことが自動的にFacebookを通して実現しています。

また、社会としては改善の余地が大いにありますが、海外ノマドたちに仕事を依頼する権限を持つ人はベンチャーなら30代以上、大企業なら40代以上で、社内で課長や部長などの役職を持つ男性が多いのが実情です。

世間では「おじさん」と呼ばれる世代ですが、おじさん比率が最も高いSNSはFacebookです。「就活で使ってから触ってない」「友達とのメッセージはInstagramで済んでいる」という人たちもいますが、Facebookで決裁者たちと交流を持てれば、仕事を見つけるのに有効に働きます。

ちなみに、Facebookで決裁者たちと繋がる方法は「Facebookで運営されている無料勉強会やコミュニティに参加して貢献する」です。

Facebookで定期的に投稿する内容で「獲得したい仕事の技術が備わっていること」を自然に伝えられたらベストです。

こちらは僕が「寿司職人」の仕事をしたくて投稿したもの。同様の投稿を3件ほど続けたら、知り合いから「オンラインでお寿司のワークショップをやってくれる人を探してるんだけど、出来る?」とメッセージを貰いました。

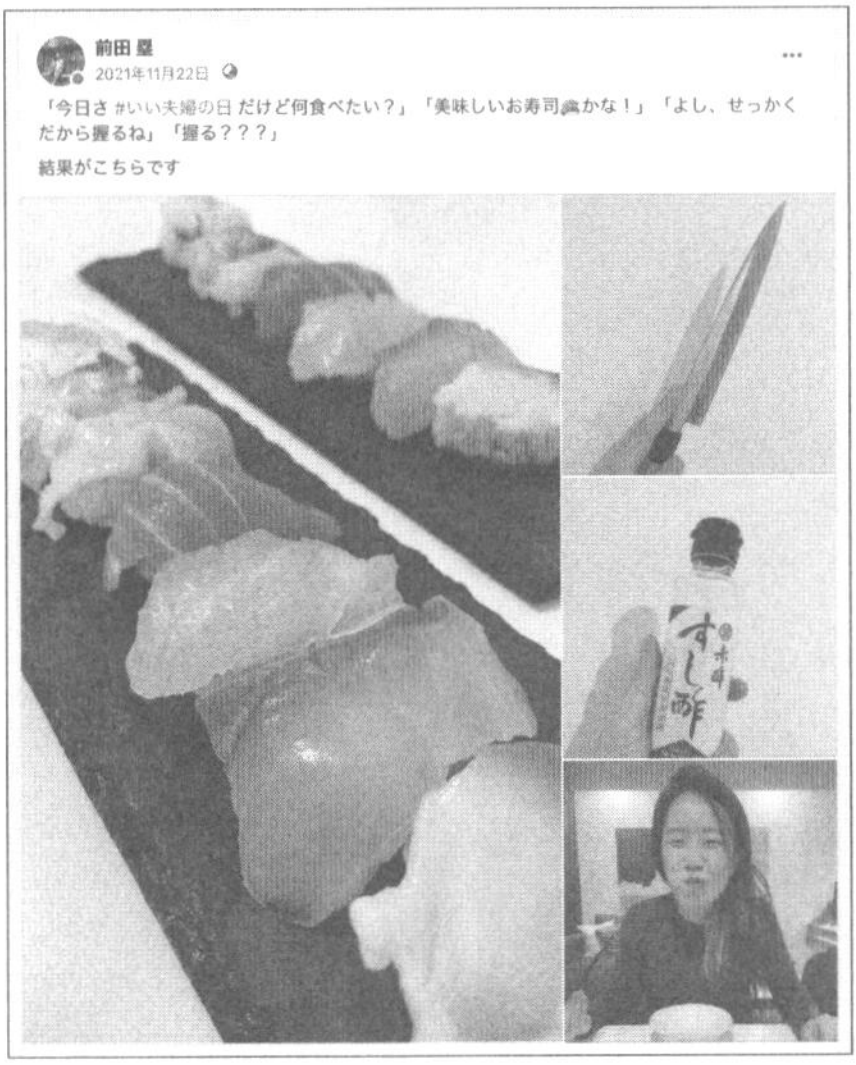

「寿司を握れる感」を出すためにわざわざすし酢と包丁を買いました

7／Twitterの仕事募集に応募する

他にSNSを使った営業手法として、Twitterを使って仕事募集に応募することが出来ます。なるべく早く仕事を獲得したい場合に有効です。

手順は「検索」「フォロー」「発見」「メッセージ」の4ステップです。

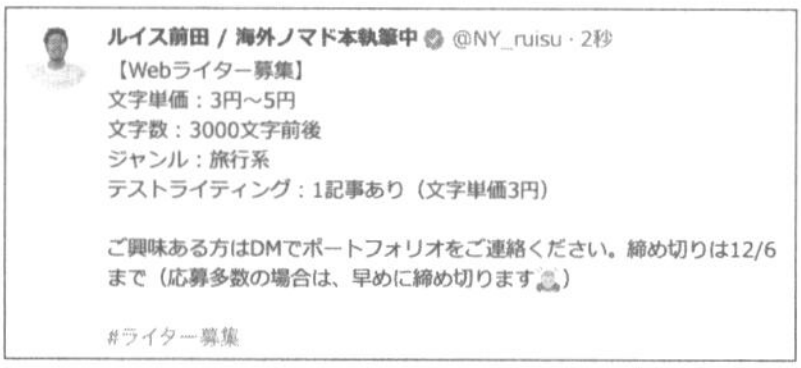

ルイス前田 / 海外ノマド本執筆中 @NY_ruisu · 2秒

【Webライター募集】
文字単価：3円〜5円
文字数：3000文字前後
ジャンル：旅行系
テストライティング：1記事あり（文字単価3円）

ご興味ある方はDMでポートフォリオをご連絡ください。締め切りは12/6まで（応募多数の場合は、早めに締め切ります）

#ライター募集

上記のように仕事の報酬やカテゴリー採用テストの有無などが明記されていたら良い募集ツイートです

まずは、「ライター募集」や「動画編集者募集」など、職種名＋募集でツイートを検索すれば、過去の募集が沢山出てきますので、募集をしている人たちをフォローします。

Twitterでの仕事応募で大事なのはスピードです。過去の募集に今から手を挙げても間に合いませんので、新しい募集を待ちます。

最新の募集ツイートを発見したら、すぐにダイレクトメッセージにて連絡します。Twitterでの募集は1〜数名のケースが多いため、仕事を依頼する人が決まってしまった後のメッセージは読まれません。

すぐにメッセージが出来るように、自己紹介と実績紹介の2点は読みやすくまとめておきましょう。目標はツイートしてから1時間以内にメッセージ送信です。

テレアポやメールアポは必要ありません

電話を使った営業やメールを大量に送る営業、いわゆるテレアポやメールアポは海外ノマドには必要ありません。

これらの手法は大量に仕事が必要な場合に採用されますが、技術と経験、そして断られてもくじけないマインドと支えてくれる同僚が必要です。僕も広告代理店に勤めていた時にテレアポをした経験がありますが、かなり人を選ぶ手法です。正直、僕も苦手でした。

また、1人で受けられる仕事の数はとても優秀な方でも10社程度です。僕だと5社が限界。沢山仕事が取れても、受けきれなければ意味がない。自分の生活に必要な仕事を、これまでに紹介した7つの営業手法のどれかで効率的に獲得出来ればOKです。

もちろん、テレアポやメールアポの経験があって、それが得意だった人には推奨します。それどころか、企業に代わって営業をする「営業代行」という新しい職業すら選択出来そうです。

裏技　ビジネス系マッチングアプリを使う

これからの営業手法として注目しているのがビジネス版のマッチングアプリです。僕が使っているのは大手の「Yenta」というサービスです。プロフィールや登録情報を基に毎日おすすめのビジネスパーソンを紹介され、お互いが「興味あり」となったら、メッセージが送れるようになります。登録者は起業家や会社員、学生など多様ですが、転職や仕事探しに使っている人をよく見かけます。経歴やスキルに加えて「転職を考えています」「仕事を募集中です」とプロフィールに書いた上でマッチング出来れば、高い確率で仕事を得られるので、毎日コツコツと「フラれにくい」営業が可能です。

利用者はITリテラシーの高い人に限られるので、主流派ではありませんが、デジタルワークを探すならぜひ選択肢に入れてください。

ノマドワーカーの営業手法まとめ

未経験の業界で仕事を見つける7つの営業手法を紹介したので、最後に営業のポイントをまとめます。

- **友人の友人は仕事を持っている**
- **仕事は人が集まるところに集まる**
- **仕事をお願いしたい時に思い出してもらえるか**

どうやって仕事を見つけていこうかと悩んだらこの3つを思い出してください。

「とにかく早く稼げる方法を知りたい！」という方は、攻めの営業から始めてください。紹介した手法ですと「クラウドソーシングを使う」「求人サイトを使う」「Twitterの仕事募集に応募する」の3つです。これらは仕事に直結する動きなので、結果は早く出ます。ただし、断られる確率も上がります。

一方で「じっくり始めたい」という人は守りの営業から始めてください。「友人知人にメッセージ」「コミュニティに参加」「退職記事」「Facebookで決裁者と繋がる」の4つです。ただし、仕事の数は急には増えにくいです。

理想は攻めと守りを両立させることですが、それほど思い詰めなくて大丈夫です。最初は「組織に頼らずに仕事を見つけられるのか？」とドキドキしますが、僕はこれまで仕事が見つからなくてノマドを諦めた人を見たことがありません。

本書には僕以外のノマドたちによる仕事の見つけ方も掲載していますので「これなら出来そう！」という安心材料が必ず見つかるはずです。

海外ノマドワーカーの舞台裏

〜パラオ〜

フィリピンの東に位置し、300以上の島々から構成されるパラオ。海外ノマドとして最も大きな仕事の1つがパラオの観光取材でした。11日間の取材で10万字以上を執筆し、写真も800枚を納品したので、レベルアップのファンファーレが鳴り響きました。

海外ノマドワーカーの舞台裏

〜バンコク〜

パラオの仕事を終わらせるために、3ヶ月ほどタイの首都バンコクに引きこもってました。プール付きのマンションに住み、たまの観光以外は毎日仕事。当時はバンコクに友人がほぼいなかったので、異常なスピードで仕事は進みましたが、もうしたくない。

職種はどのくらいありますか？

複数の職種で好奇心を受け止める

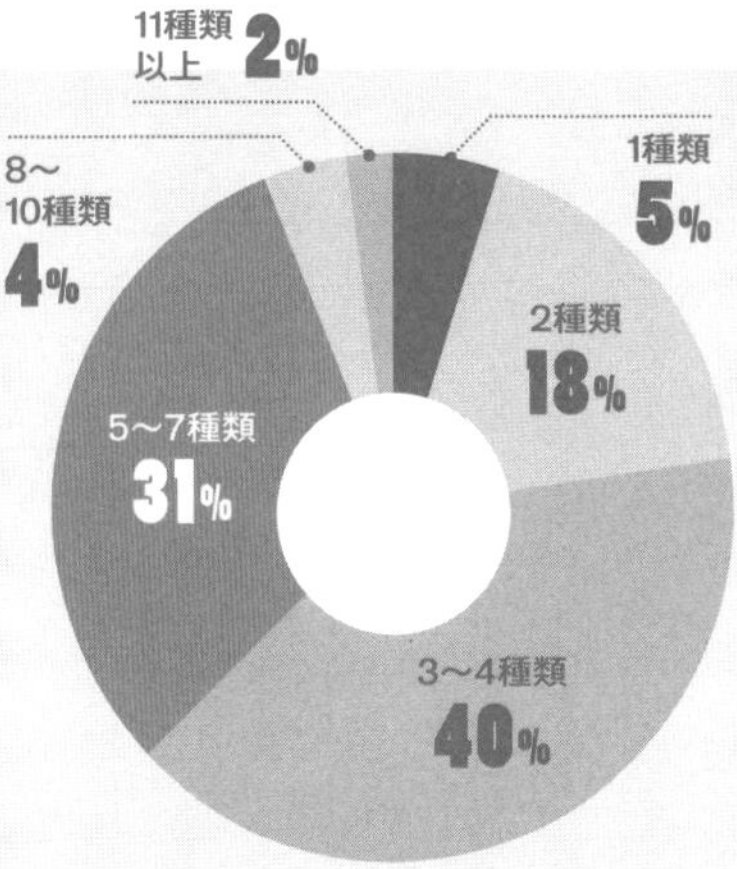

ほぼ全員が2つ以上の職種を持っていました。僕も10職種を持っていますが、理由は「飽きっぽいから」です。良く言うと好奇心旺盛。同じ場所にいるとワクワクが減るように、同じ仕事を続けると能力が下がります。複数の仕事を持つことで、飽きるまでの時間を引き伸ばす。さらに、仕事同士が高まり合ったら最高だなと願って、平均して1日4種類の仕事をしています。（ルイス前田）

月に担当しているプロジェクトやクライアントの数は平均どのくらいですか？

取引先を増やすと自由になる

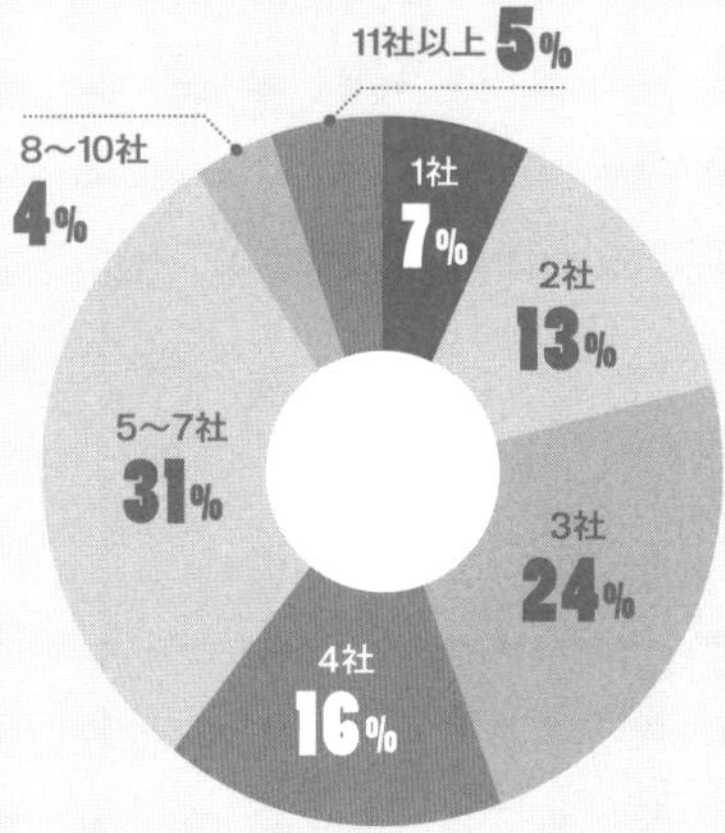

職種の多さに比例して、クライアントやプロジェクトの数もかなり多い結果になっています。クライアントが多いほど、総収入は安定します。1社1社と信頼関係を作っていくのは時間も労力もかかりますが、自分が努力してもクライアントの都合で仕事がなくなってしまうことはあります。収入の依存先を早い段階から増やして、複数の柱で生活を支えることをおすすめします。（ルイス前田）

仕事選びで悩んでいるのですが、最初のノマドワークは何でしたか?

ファームの作業員

僕たちは実業家ノマドです。コロナ禍でお店の閉業命令が出たので動画編集やライター業も始めましたが、それまでは実業一本。最初の仕事はオーストラリアのファームの作業員です。当時はツテがなかったので、自分の足で探しました。今は飲食業がメインですが、引っ越しして国を跨ぐたびに、異なったビジネスをしています。

クニ さん

杉野遥奈 さん

最初の仕事から派生した仕事に

最初はデザイン制作で生計を立てていましたが、今は派生してWebサイト制作の企画やデザイン、ライティングなどをまるっと受けてチームで仕事をしています。また、独立する人を増やしたいという思いでスクール運営もしています。時間と共にやりたいことは変化するのでまずは興味あることをやってみることが大事だと思います。

動画編集

最初の仕事は動画編集で、今はコミュニティマネージャー。動画編集は単価も高いので最初に始めるのにはおすすめです。学べる講座はネットに大量にあるので独学で勉強しました。強くやりたいと思っていたわけではなく、ライターやデザイナーは向いていないからという消去法。今はコミュニティマネージャーの方が希少性が高く、やりがいもあるので動画編集は友達に頼まれたもののみです。

畑山朱華さん

Webライター

僕の場合は動画編集とWebライターで迷ってWebライターを選びました。理由はノマドニアの講師だったKOHさんが「Webライターは全てのノマドワークの基礎」とおっしゃっていたからです。Webライターは現在も続けていますし、本業のIT営業で文章を作成する際にも非常に役立っています。日頃からきちんとした日本語で文章が書けるのはメリットばかりです。

おひょうさん

急に仕事がなくなった時は どのように対策しましたか？

暇アピールをしていた

業務委託をしていた会社がメインの収入源でしたが、業界株価が下がってコスト体制を見直すことになり、業務委託の人が契約解消に。仕方ないのでSNSを強化しようと、映えスポットに行って投稿する半分遊びのような生活をしていたら、暇なら手伝ってと知人から仕事の依頼が来ました。暇アピールをするのは良いかもしれません。

ぴきちんさん

平船智世子さん

制作物に没頭していた

コロナ禍で移動制限があった時やお祭りやイベントが相次いで中止になった時は仕事がありませんでした。仕事がなくなった期間は、今までゆっくり向き合う時間がなくて手を付けてこなかった制作物に没頭する時間として消化していました。今ではその時に制作した物が新たな実績として仕事を呼んでいる状態です。

急に仕事がなくなったことってありますか?

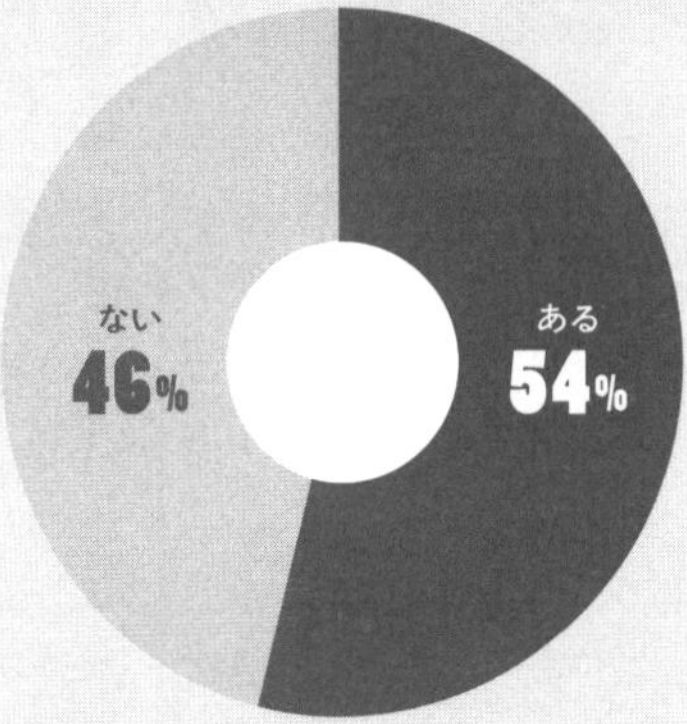

仕事がなくて、ノマドをやめた人を見たことがない

コロナでほとんどのノマドが仕事をなくした経験をしたはず！と考えていましたが、思い込みでした。これまで数百人のノマドと出会いましたが、仕事がなくなってノマドをやめた人を知らないので、深刻にならなくて大丈夫。豊かな日本に生まれたことを感謝する瞬間です。（ルイス前田）

愛優さん

今までとは別分野でしのいだ

私は旅や海外での生活の様子を執筆する業務が多かったので、コロナで仕事が激減しました。ただライティング業務に限っては、それ以外の分野の仕事も沢山ありますし、コロナ禍になったことでライティングの人手が必要になった業界もあったので、そういう業界でしのぎました。またそれをきっかけに自身の仕事を見直して、単価を上げてもらえるようにクライアントに交渉もしました。

仕事を広げるための人脈はどう作っていますか？

MaSaTo世界一周学校さん

ブログやSNSで毎日発信

自分という存在を知ってもらうことが大切なので、ブログやSNSで毎日発信をし続けました。自分の考え方や生き方、やりたいこと、大切な想いなどをプラスして発信することによって、共感してくれる人が現れて、協力してくれるようになりました。最初は仕事を作るというより、共感してくれる人がいることが宝物だと思います。

津田昌太朗さん

相性の良い人を1人見つける

人と会うことは大事ですが、無闇に会っても体力を消耗するので、小さな案件でも定期的に仕事を振ってくれる人や相性の良い仕事仲間を見つけることが大事だと思います。そういった関係が一つでもあれば、そこから別の仕事に繋がったりもします。信頼してくれている人から広がった繋がりの方が価値があると思います。

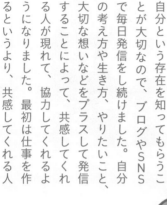

ノマドコミュニティに参加

ノマドニアに参加しなかったら、フリーランスとして稼げる世界を知らなかったし、行き詰まった時に相談出来る相手もいなかったでしょう。なので、人脈という意味ではノマドやフリーランスのコミュニティに参加するのも手。ノマドニアは有料で開催地も海外ですが、「オンラインの異業種間交流会や無料のセミナーなどでも知り合うことが出来る」とこの間ルイスさんから教えていただきました。

夢野さん

旅先での出会いと紹介

旅先での出会いや紹介で広がることが多いです。イベントやコミュニティの場が得意ではないので、大人数が集まる場ではなく、少人数でお話し出来るところでの出会いが多かった気がします。人と沢山会って人脈を増やすのが得意な人もいますが、派手に動かなくても、素敵な出会いがあるはず。私はその分、スキルアップに時間を使い、「何でもやってみる」という気持ちで実績を作りました。

harunaさん

SNSのフォロワーが100人以下だと仕事獲れないですよね？

津田昌太朗さん

フォロワー数より内容の質

僕自身はSNSのフォロワーから仕事が来たことはほとんどありません。発信している内容やコンテンツの質で依頼が増えていったように思います。メディアに露出し始めた頃は「海外フェスに行きまくってる人」という感じで、知ってる人は知ってる状況でしたので、数珠つなぎ的に仕事が増えていきました。

塚田エレナさん

他に時間を割く方が効果的

人前に立つ仕事をする構想がある、もしくはSNSが好き、SNS運用を仕事にしたいといった人であれば、発信を強化するのは有効な手段だと思います。そうではないのであれば、自分への投資に時間を割く方が効果的。それから、いただいた仕事を120％でやって、次に繋がる努力を怠らないことが仕事を獲る近道だと思います。

夢野さん

SNSは知識を広げる場

Twitter経由で応募することもありますが、500人いる本アカと100人ほどの動画編集専用アカウント、どちらからも案件は獲れています。なので大事なのはリサーチ力・ポートフォリオ・営業文。SNSのフォロワー数は重要ではなく、運が良ければ仕事のチャンスが転がっている、知識を広げる場だと捉えています。SNS経由で仕事を獲っている人の方が少ない印象です。

平船智世子さん

大事なのはプロフィール

仕事とジャンルによりますが、フォロワー数は関係ないと思っています。実際、私のTwitterのフォロワー数がまだ2ケタだった頃でも、テレビの出演依頼や雑誌の寄稿依頼はありました。窓口としてSNSのアカウントはあった方が良いですが、フォロワー数よりも大事なのは「何をしている人でどういう活動をしている人なのか」がプロフィール欄に明確に書かれていることだと思います。

海外ノマドのせいで失敗した！ 後悔した！ エピソードを教えてください

中国・上海で一文無しに

中国・上海で、年末年始の銀行振込の期日を間違え、5日間を2000円で過ごすことに。ホテルもない、中国語も出来ない中、ホテルを20軒ほど歩いて周り、日本人が運営するホテルを見つけ、スマホを預ければ後払いで5泊していいと言ってもらいました。食パンで生き延びましたが、人生最大のピンチだったので救われました。

ふじさわあつしさん

はっちーさん

ミーティングの時間を間違えた

時差のせいでミーティングの時間を間違えたことがありました。日本と時差のある国から別の国へ移動すると、移動した先の時間と前にいた国の時間がごちゃごちゃになってしまうことがあります。その時は時差が1時間しかなかったのでギリギリ気づけましたが、もっと時差があったらどうなっていたんだろうとゾッとしました。

なくしものや忘れ物をしがち

いつもやらかしてます。なくしものや忘れ物が多いので年間収入の何%かは「うっかり税」で徴収されてる気がします。カメラを置いてきたりフライトチケットの日にちを間違えてゴミにしちゃったり。ちなみにベトナムのホイアンではパスポートを、台湾ではスマホを落としたことがあります。両方とも親切な人が拾って交番に届けてくれました。こういう経験があるとその国が大好きになります。

市角壮玄さん

ライフイベントの計画

女性ならではですが、ライフイベントのプランニングは必要な準備だったと思います。特に妊娠や出産の希望がある人。実際ノマドライフが波に乗ると定住しない生活が長くなり、色々と後回しになりがちですが、女性特有のリミットはどうにもなりません。私はスタートが遅かったこともありますが、卵子凍結しておけば良かったと心底思っています。仕事を見つけるよりも難しい課題が残されます。

マリーシャさん

失敗

著者解説

キャンピングカーで対向車とラリアットを掛け合った

キャンピングカーでアメリカを横断していた時に死にかけました。定員10人の車体はちょっとした引っ越しトラックよりも大きく、車幅は2m50㎝。大きな車体の後方を確認するために、サイドミラーはアーム付き。正面から見ると、車がバンザイするように左右にミラーが伸びています。

事件が起きたのは、カリフォルニア州のデス・バレー国立公園に向かう山道です（名前がとても恐ろしい）。道路のすぐそばに赤茶色の岩壁が迫る片側一車線の道でした。前日に別のメンバーが右側のサイドミラーを岩にぶつけて破損しました。右側は乗員が窓から顔を出して後方を確認しながらの運転です。チームとしての結束は高まりましたが、運転手から見えないので、シンプルに危ない。

これ以上右側を壊さないように「右に寄りすぎない、右に寄りすぎない」と意

識しながらの運転です。そんな中で、対向車がカーブの向こうから急に現れました。同じ大きさのキャンピングカーです。当然、向こうの左側からもサイドミラーが大きく伸びています。自車の左ミラーも健在です。「あ、これ詰んだかも」と思った瞬間、「ドガーン!」と爆音が鳴り、対向車は走り去りました。

すぐに車を停めると、左ミラーがアームの部分からまるっとありません。事故現場には、すれ違い様にラリアットをしてアーム部分が絡み合った2つのミラーが残されていました。警察に電話をして現場検証を済ませましたが、相手がいないため聞き取りは30分ほどでした。

その後、左右のミラーを失った目隠し状態で修理工場まで100km以上を走行した恐怖もさることながら、後少しズレていたら左ハンドルの運転席が正面衝突していたはずです。怪我がなくて本当に良かったです。

なお、最高額の保険に入っていたので、ミラーの修理代の大部分は保険が適用出来ました。慣れている方でも、海外で運転するなら保険は最大限に入っておいた方が良いです。僕は常にそうしています。

正直ここは会社員の方が良かったと思うことは何ですか?

安定しながら学べること

会社員の魅力は3つです。①お金を貰いながら安定して学べる実践の場があること。②チームで仕事が出来ること。③大きな仕事にチャレンジ出来ること。とはいえ、これらはやり方によっては会社員でなくても出来ます。また、最近は会社員でもフルリモートで働くことが出来る環境が増えてきたので、色々な選択肢があると思います。

塚田エレナさん

大澤あつみさん

大きな案件を担当出来ること

個人では経験出来ない大きな案件を担当出来ること。会社の信用を使って、仕事が出来るので、社会に対してインパクトのある仕事をしたり、数百名規模のプロジェクトリーダーをしたり、トップレベルのプロたちと一緒に仕事をする機会があることは自分の成長に有益でした。個人では繋がれない人脈が出来て視野も広がりました。

古性のち さん

作業に100%集中出来ること

クリエイティブに100%集中出来ること。お金周りやスケジュール管理など、フリーランスだと1人で全てやらなければいけないので、クリエイティブな時間が減る時は、仕事が分け合える会社員の方が良かったと思ってしまいます。(ただそれも、苦手なことを助け合えるチームを作って取り組めば解決出来ることかも)後は不動産の融資の下りやすさなど、社会的信用が全然違うことです。

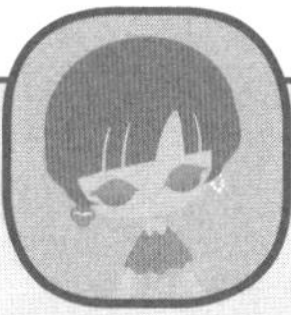

荻野祐里香 さん

手続きをしなくていいこと

毎月一定の給与が貰えることと税金や社会保険といった面倒な手続きを自分でしなくていいことです。会社員時代は、体調不良で欠勤したとしてもある程度の給与が保証されていたので恵まれていたと感じます。フリーランスになると、手続きを全て自分で行うので事務作業が苦手な私には苦痛です。知っておくべきことではあるのですが、会社員の時は考えなくて良かったので楽だったなと思います。

著者解説

会社員ノマドを実現する現実的なキャリアプラン

本書に参加していただいた海外ノマドのうち14%が会社員です（p171参照）。体感的にはコロナ以後にリモートワークの普及が推進されてから、会社員ノマドと出会うことが増えたように感じます。勤め先はほとんどがIT系企業で、社員30人以下のベンチャー企業が多いです。職種はWebデザイナーや広告運用者などのデジタルワークなので、世の中というスケールで考えると狭き門です。

リモートワークの拡大解釈として、「仕事を持ったまま、日本国内ではなく海外で在宅勤務している」という扱いが多いので、会社は「海外でもリモートワーク出来ます！」とオープンにしていません。海外ノマドが出来る会社は非常に探しづらいのが現状です。

なので、会社員でノマドになりたい人もフリーランスを経由することがおすすめです。実はフリーランスから正社員への引き抜きは積極的に行われています。会社側は一緒に仕事をしてからの採用の方がリスクが少ないし、フリーランス側も社内のことがわかっているので安心です。

海外ノマドワーカーの舞台裏

~ロシアW杯~

同僚たちと一緒に、W杯の観戦でロシアへ。大きなAirbnbを貸し切ってワイワイしながら滞在し、全員で心を一つに応援した結果、見事セネガルと引き分けでした。今から振り返ると、仕事も旅行も一緒に出来るメンバーは本当に貴重です。

海外ノマドワーカーの舞台裏

〜ニュージーランド〜

コロナが大流行した'20年3月、僕はニュージーランドにいました。入国して3日後に新規入国が禁止。アジア人差別もされましたが、旅行者はほぼゼロです。ニュージーランドを北島から南島まで縦断し、出国出来るラスト2便に飛び乗りました。

現在はどういった働き方をしていますか？

会社員でも海外ノマドになれる

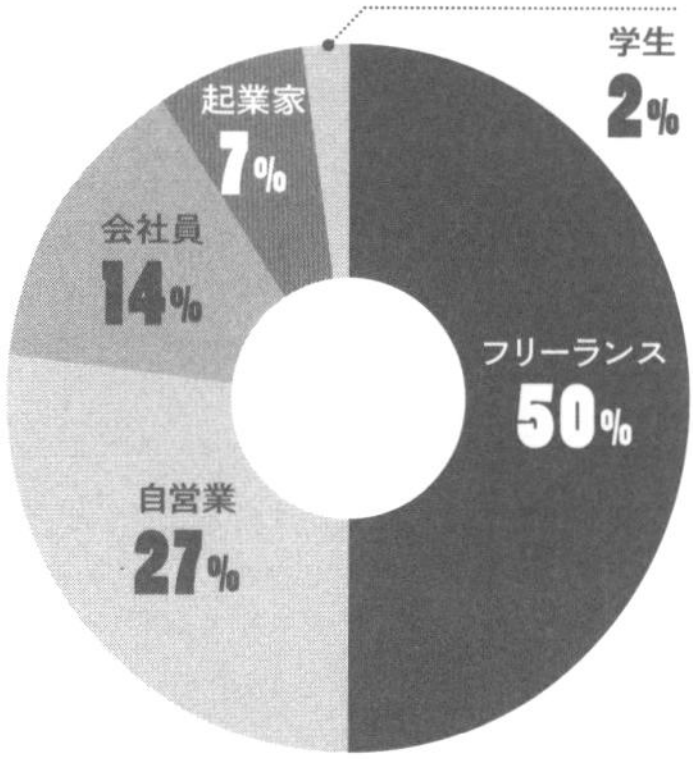

世界中に多大な被害をもたらした新型コロナウイルスですが、リモートワークの普及に貢献したのは唯一良かったことだと思います。特に技術的には可能でも、制度面で不可とされていた会社員に推奨され、多くの人たちが「オフィスで働かなくても仕事出来るな」と気づきました。その結果、国境を越えて国外で在宅勤務をすれば「会社員ノマド」が完成します。（ルイス前田）

1日の仕事時間の平均はどのくらいですか？

海外ノマドの労働時間は意外と短い

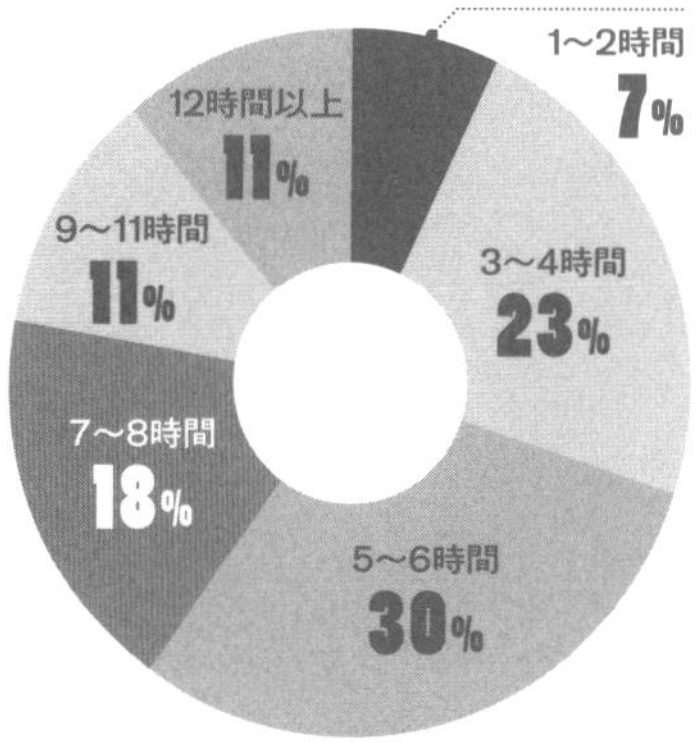

厚生労働省の「就労条件総合調査（'22年）」によると、1日の労働時間の平均は7時間48分。ゆえに、半分以上の海外ノマドは平均より短い時間で仕事を終えています。僕も平均して7時間くらい。ただ、移動しながらだと7時間を確保するのも苦労します。出来ればもっと短い時間で終えたいです。仕事は好きですが、食事の時間がなくてポテチやコーラで代用するのは心が荒むんです。（ルイス前田）

土日や休日も仕事していますか？ オンオフの切り替えはどのようにしていますか？

曜日関係なく仕事している

最初は特定の曜日を休む日にしていたのですが、段々と四六時中仕事のことを考えるようになり、いつの間にか曜日関係なく仕事をしていました。周りでノマドとして成功している方を見ても、最初は死ぬほど働いています。最初は休日返上で心が死なない程度に働いて、徐々に理想の働き方に近づけていくのが良いと思います。

おひょうさん

石井小百合さん

やれる時にやっている

曜日や時間、関係なく仕事をしています。最近は旦那の休みに合わせて子どもを預けて仕事をすることも。独身の時は年中無休で仕事と休みを繰り返していた気がします。子どもが出来てからは「やれる時にやる」の一択。誕生日などのイベントは優先し、他の日はやれる時にやれるだけ、疲れたら休憩してもいいと思っています。

旅丸shoさん

アプリ全消し日を作っている

基本的に年中無休で仕事をしていますが、好きな時に働いて好きな時に休んでる感じなのでノーストレス。ただ、仕事関係のアプリがスマホに入っていると気になってしまうので、オフを取りたい日は仕事関係のアプリを全部消します。年に2、3回ほど仕事のアプリ全部消し日が発生しますが、クライアントや仕事仲間には事前に「この日は連絡しても連絡がつかない」と伝えています。

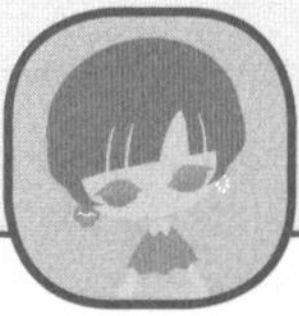

古性のちさん

自分の気分に合わせている

クライアントワークもあるので、土日と平日の意識はあるものの、特に休みは決めていません。この仕事が終わったらサウナに行こうとか今日はコーヒーショップで1時間くらい本を読んでから仕事しようとか、自分のコンディションやテンションに合わせてオンとオフを設けています。とはいえ仕事が楽しいのでずっと何かしら作ったり手を動かしたり忙しなく生きている気がします。

働き方

海外ノマドになって思っていたのと違った！と思ったのはどんな時ですか？

会社員経験が役立つと知った時

会社員とノマドは正反対の働き方だと思っていましたが、会社員時代に培った基礎的なビジネススキルや専門スキルはノマドになってからも重宝しています。会社員で特別なスキルがないからノマドになれないと思っている人は、そうではないことを知ってほしい。会社員経験があるおかげで、スムーズに仕事が出来ることも多いです。

大澤あつみさん

masaさん

12時間以上仕事している時

「仕事＝嫌いなもの」という認識だったので「ノマドになったら、ビーチで仕事はそこそこにして、ゆっくりしよう！」と思っていました。でも実際は、仕事は嫌いじゃないし、ビーチでゆっくりするのは1時間あれば十分なことがわかったので、結局、海外にいるけどホテルやカフェで12時間以上仕事するのが普通になりました。

泥臭い部分が多いと感じた時

思っていたよりもキラキラしていませんでした。もちろん日本人が多い国や地域もありますが、基本的に作業は1人ですし、社会人の時に比べるとプライベートも含めて圧倒的に1人の時間が増えました。仕事も地道に成果を積み重ねていく必要があるし、仕事以外の部分でも地味な作業が多いです。言葉の壁という意味でも常に努力が欠かせないので泥臭い部分も多いなと感じました。

愛優さん

金持ちと認識されて妬まれた時

普段仕事をしている様子をSNSで発信しないので、常に旅して遊んでいる金持ちと認識されて、妬まれることが多いです。また、「フリーランスなの？　仕事やるよ」的な、若い女性と会話したいだけの上から目線セクハラおじさんからDMが来るようになり、実際に打ち合わせしたらセクハラ発言ばかりで、なめられてるなと感じました。大手でサラリーマンをしている時はそんなことなかったのに。

ぴきちんさん

海外ノマドをする上で困ったことは何ですか？

キャパオーバーしたこと

仕事を受けすぎてキャパオーバーしたことです。ノマドは、受ける仕事の量や労働時間を全て自分で決める必要があるので、自分の脳力を過信して手が回らなくなった時がありました。若いうちはそのような働き方でも良いですが、ノマドとワークライフバランスを両立させるためには、仕事の量をコントロールする能力も必要です。

木村拓也 さん

杉野遥奈 さん

電波とWi-FiとPCの充電

電波とWi-FiとPCの充電です。旅を楽しむことも諦めたくないので、遊びの合間にカフェで打ち合わせや仕事をするのですが、Wi-Fiが遅かったり、現地のネットワークでSIMを持っていても、電波が弱くてZoomが繋がりにくかったり。最近はPCも充電出来るモバイルバッテリーを入手したので解決出来そうです。

荻野祐里香さん

PCが壊れて使えなくなったこと

突然PCが壊れて使えなくなったことです。日本のようにすぐに修理が出来る環境ではないし、PCが壊れても仕事は止まらないのでかなり焦りました。その日はiPadやiPhoneを駆使して何とか事なきを得たのですが、リスク管理が甘かったことを反省しました。それからはPCを休ませることや2台持ちにすること、そして定期的にデータのバックアップを取ることを心がけています。

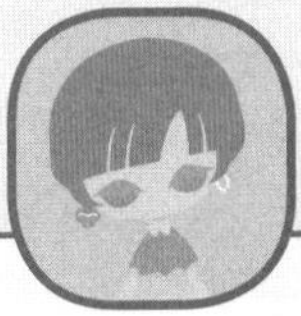

古性のちさん

ルーティンが作れないこと

日々のルーティンが作れないことです。Wi-Fiが速いカフェを見つけたり、お気に入りのスーパーを探したり、暮らしに足りないものを買い足したりと、場所が変わると環境も変わるので、慣れるのに1週間はかかります。ただ、最近は「周りに置いておきたい最低限のもの」がわかってきたので、キャリーバッグに詰め込むようになりました。全く身軽ではなくなりましたが満足はしてます。

ホテルやAirbnbの選び方にこだわりはありますか？

オカザーマンさん

レビューの新しさ

基本的にはAirbnb Booking.comがメイン。大事にしているのはレビューです。レビューが書いてあっても数年前や数ヶ月前だと今は営業してなかったり、詐欺の可能性もあるそうなので、新規やレビューなしは予約しません。また、国によってはサイトによっても値段が変わるので複数の予約サイトを見ています。

森卓也さん

外国人が高評価しているか

Web上で外国人が高評価しているかどうかを重視しています。カフェで作業することもあるので、周辺の治安も大事。各国の人と交流したいので、ラウンジが充実しているゲストハウスを調べてテーブルがある個室を選びます。窓があって外で小鳥が鳴いていたら最高。私の場合、Wi-Fiは持参するので気にしません。

レビュー内の個人名の記載

1年間で100以上のホテルを回りましたが、コスパよく最高の宿に泊まれた時の共通点は、星8以上&Wi-Fi速度が9以上、ユーザーからのレビューに「宿の人の個人名」が記載されていることでした(Booking.comを利用)。特に宿の人の個人名が入っている宿は、毎日宿の人と飲み会をしたりご当地料理を作ってくれたりと、普通のホテルでは得られない温かい経験が出来ました。

大麻翔亮さん

自分でつけたMAPのピンの多さ

空港からの距離とアクセスの良さと街の雰囲気で決めています。帰りのこともあるので、空港から電車で1時間以内、タクシーで30分以内くらいが良いかと。その範囲内でSNSで街の様子を検索し、行きたい場所のMAPにピンを指す。そして沢山ピンのある付近に宿泊するようにしています。繁華街すぎても圏外すぎても怖いので、泊まるホテル周辺を事前によく調べることが大事です。

石井小百合さん

著者解説

仕事に快適な宿泊場所を見つける3つのポイント

海外ノマド視点での宿泊場所について僕のこだわりをお話しします。

部屋の広さより、仕事机の大きさ

長期滞在では、カフェやコワーキングスペースは使わずにホテル内で仕事が出来ると安心。重要なのは部屋の広さよりも、PCを置ける仕事机の大きさです。仕事机がないと、ベッドの上で膝の上に置くスタイルを強いられます。

Booking.comなら「PCを置ける机あり」で絞り込み検索が出来ますが、3日以上滞在するホテルなら必ず写真で机の大きさや椅子のクオリティを確認してから予約します。詳細が不明な場合はビジネスホテルにすると安心です。

メイン通り沿いより、細い道や行き止まりのホテルを予約する

次はホテルの場所。仕事中に周囲から聞こえる騒音を抑えるために、メイン通り沿いではなく、1本内側の細い道に面したホテルを優先します。行き止まりにあると車両やバイクの通り抜けがなくなるので、さらに静かな環境が期待出来ます。また、宿泊予約時に「静かな部屋だと嬉しい」とお願いしておくことで、配慮してくれる場合もあります。言うだけタダです。

ドミトリーなら宿泊者のネットワークを活かす

基本的にホテルは個室を予約しますが、観光シーズンは宿泊料金が高騰したり、高級ホテルしか残ってないこともあります。そんな時はドミトリーに泊まりますが、複数人が滞在する部屋で仕事や打ち合わせをするのは難しいので、ホテルの方や同じ宿泊者に聞いて仕事が出来そうなカフェやコワーキングを探します。

著者解説

出来るだけインターネットに繋がり続ける3つの方法

デジタルワークを仕事にする海外ノマドに必須なものがPCと電源、インターネットです。特に僕はネットから離れると無力ですので、経験から学んだオンラインの環境を続ける旅の流れを紹介します。

新天地に到着したら、土地ごとに異なる匂いを感じながら、空港内にあるSIMカードショップを探します。多くの空港で2〜3種類の通信キャリアが店を出していますが、普段は最大手のキャリアでSIMカードを買います。

空港のSIMカードショップなら、スタッフがSIMカードが有効になる手続きを全てやってくれます。非常に手際が良く、1分もあれば完了します。

空港を出てホテルに着いたら、通信量を節約するためにホテルのWi-Fiに繋ぎます。次に「Speedtest」というアプリでインターネットの速度を計

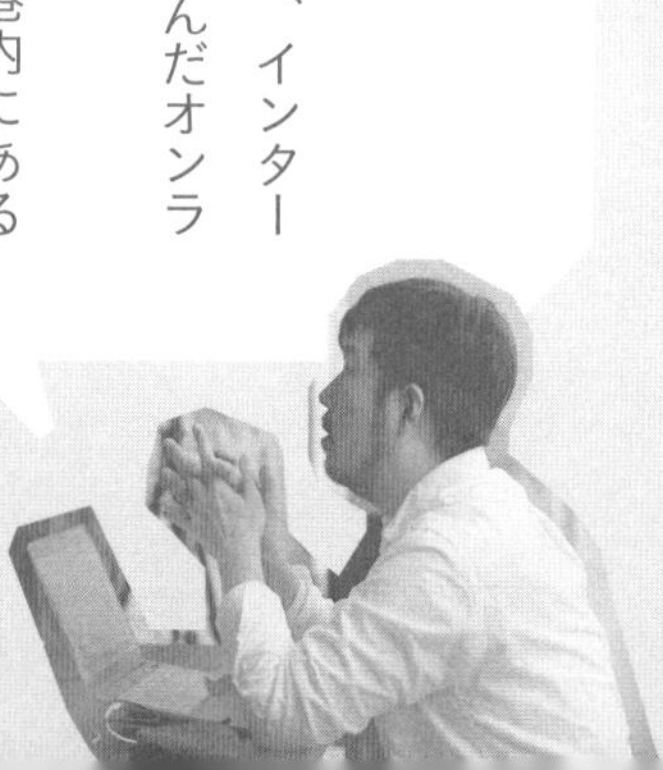

測します。

Ｗｉ－Ｆｉの最低ラインは10〜20Ｍｂｐｓです。10Ｍｂｐｓあれば Ｚｏｏｍを使って会議が出来ます。１００Ｍｂｐｓ近い速度が出たら連泊が決定です。高級ホテルでもＷｉ－Ｆｉの速度が遅いことはよくあるので、泊まってみないとわかりません。

ホテルの速度がイマイチだった場合は、徒歩圏内にあるＷｉ－Ｆｉありのカフェを探します。Ｇｏｏｇｌｅ Ｍａｐを開いて「Ｗｉ－Ｆｉ ｃａｆｅ」と検索して、レビューを調べます。ノマドワーカーが多く集まるカフェは通信速度が必ず速いので「働きやすい」「電源が多い」「ここで作業するのが好き」などの口コミがあれば期待出来ます。

滞在予定が数日であれば、ＳＩＭカードを買わずにＷｉ－Ｆｉだけで乗り切ったり、周遊型ＳＩＭやｅＳＩＭを使うこともあります。周遊型ＳＩＭは複数の国や地域で使い回せるＳＩＭカードです。アジア16ヶ国、ヨーロッパ32ヶ国など色々なタイプがあり、日本出国前にＡｍａｚｏｎなどで購入出来ます。

夫婦でノマドって出来ますか？ どんな生活ですか

移住後に転職&復帰した

海外移住の前に夫がリモートで働けるようにプログラマーに転職。私は移住後にWebデザイナーとして復帰。現在は一緒の事業で、私がデザインしたものを夫がコーディングやプログラミングしています。日本にいた頃は会社勤めと店舗経営だったので、一緒にいる時間が少なかったですが、今は2人で過ごす時間の方が多いです。

Ami さん

同時に職場をやめてノマドに

結婚して半年、2人で別々の職場をやめて一緒にノマドになりました。ノマドになるにあたって、お互い似た業種の仕事をするようになり、お互いの仕事を相談出来るようになりました。ただ、夫婦と仕事は別にしないと「常に仕事モード」になるので別々の場所で作業して、ご飯は一緒に食べるなどの工夫をしています。

山田裕貴 さん

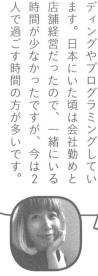

恋人や配偶者、パートナーはいますか？

住所未定のノマドでもパートナーは見つかる

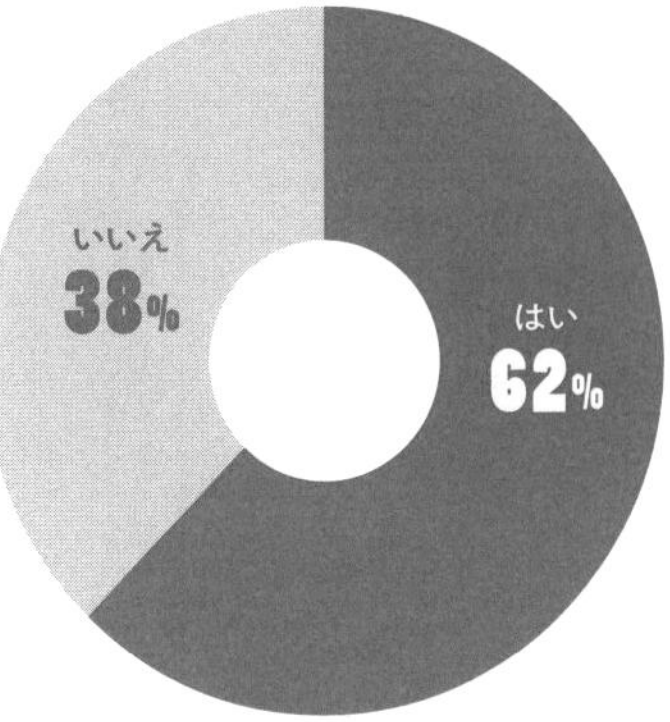

僕が20代の頃は「住む場所を定めないノマド生活をしていると、恋人を作るのが難しい」という話をよく聞きましたし、自分にパートナーが出来ないことをノマドのせいにしてました。僕の実力不足だったようです。ちなみに、ノマドをしていると恋愛に限らず出会いが多いことは確かです。日本での生活では決して出会わなかったユニークな人たちとの交流はとても刺激的です。（ルイス前田）

ユニットとして仕事するように

夫婦ユニットのような感じで仕事をしたりしています。夫婦で主演のテレビ番組を作ったり、企業のアンバサダーをさせていただいたり、嫁が主人公のコマーシャルを夫が作ったり。夫婦一緒に仕事に呼んでいただくことが多くなりました。定住先を持たないノマドとしては唯一の仲間であり、良い時も悪い時も共有できる相手です。夫としては小っ恥ずかしいのですが、嫁は喜んでいます。

旅する鈴木さん

カップルでノマドって出来ますか？ どんな生活ですか

カップルで取材に出ることも

パートナーと一緒に取材に出ることがあります。効果的でより楽しい取材をするには、お互いの仕事を理解して尊重し合うことが大前提。なのであえてバラバラに行動することもよくあります。たまに仕事ありきで海外に来ているのに、どちらか一方が「一緒にいたい」を押しつける形になってしまった時は不穏な雰囲気になります（笑）。

とまこさん

東京で出会いジョージアで交際

パートナーとはお互いにノマドですが、ノマドでなければ交際していないです。東京で出会い、バンコクで再会し、東京で惚れて九州で振られてジョージアで交際しました。バリ島で暮らしたり、ハワイに現地集合したり。常に行動を共にするわけではなく、時には地球の反対側にいます。日本で夜ご飯の買い物に行く時が一番新鮮です。

KOHさん

海外ノマドワーカーの舞台裏

～オーストリア～

妻との初旅行でチェコとオーストリア。現地集合だったことを「しんどかったー！」と今でも言われます。音楽が大好きな妻の提案でONE OK ROCKの海外ツアーが最終目的地でした。「これが誰かと行く旅か！」とすごく新鮮に感じたことを覚えています。

ハワイで結婚式を挙げました。本書にも参加しているノマドの友人たちが文字通り世界中からお祝いに駆けつけてくれました。超円安の時期でしたが「モノより体験にお金を使う」のモットーで乗り切りました。帰国してからクレジットカードの明細は見ていません。

キャリア

社会人の経験がなくても海外ノマドになれますか？

大変だったことを教えてください

メールのやり取り

社会人経験はゼロ。やりたいことを見つけ出せなかったので、数年間はアルバイトでした。その後やりたいことが見つかり好奇心のままにやってみたという感じです。なのでメールでのやり取りには苦労しましたが、検索して出てきた文面を自分風に言い換えて伝えていくうちにまともな返信が出来るようになりました。

石井小百合さん

1つ1つネットで調べたこと

最初は基本的なビジネスマナーや見積書、請求書の書き方などがわからず、1つ1つGoogleで検索しながら覚えていったので大変でした。でも逆にいえば、調べる力があればどうにでもなる。後はミスをした時に謝ればOKです。そもそも、個人事業主とサラリーマンに必要なスキルは違うので物怖じしなくても大丈夫です。

chinamiさん

社会人の経験がなくても海外ノマドになれますか？
工夫したことを教えてください

やり遂げる気持ちを持った

現役大学生でもなれます。営業の経験や前職の繋がりはないし、ビジネススキルを教えてくれる人や勉強する場は自分で選択する必要があるので、大変だし怠けることも簡単に出来てしまう。でもやってみなければわからないし、やれば意外と何とかなることも知ったので、この生き方で一旗あげるという気持ちで頑張っています。

夢野さん

市角壮玄さん

徹底的に生活レベルを下げた

最初からフリーランスで徐々にノマドに。最初は徹底的に生活レベルを下げました。今の時代、国によっては数百円で清潔でおしゃれな宿に泊まれるし服や日用品は貰ったり貸りたりして生活することが出来ます。最初のうちはレベル1の生活から始め、徐々にレベルアップする体験をゲームのように楽しんでいました。

海外ノマドになる直前はどんな働き方をしていましたか？

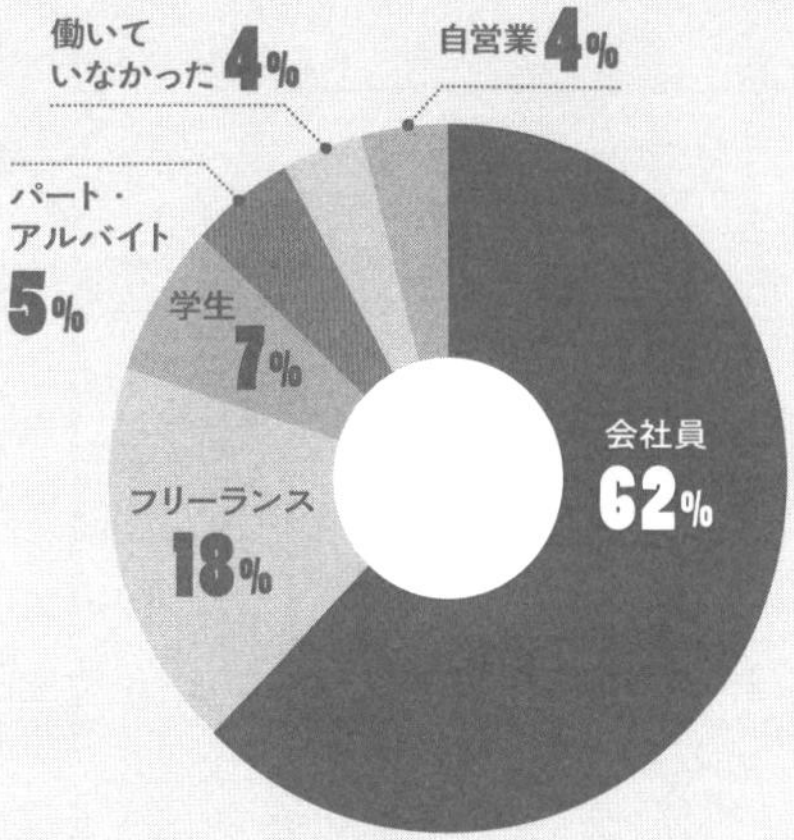

どんな働き方でもノマドになれる

ノマドになる直前は会社員の人が多いですが、ノマド＝フリーランスではありません。会社員も学生もいますし、フリーランスから会社員に戻るノマドもいます。また、公務員や看護師など会社経験がないままなる人もいるので、どんな前職でもなれることがわかります。（ルイス前田）

おひょうさん

先輩のスキルを盗んだ

高等専門学校卒業後スキルなしでジョージアに渡り、ノマド的な生き方をしていた僕がここにいるので、社会人経験がなくてもノマドになれます。僕のように何のスキルもない状態からノマドになるには、ノマドをしている人が集まるところに行って繋がりを作ることです。そして、その中から自分のメンターや先輩になりそうな人を1人見つけてスキルを盗む。これでノマドになれます。

新しく始める仕事の経験がありません。企業に入って経験を積むべきでしょうか？

ふじさわあつしさん

企業経験は必要ない

必要ない派です。ノマドに必要なのは「必要なことを調べて、実行し、改善し続ける能力」です。後は「自分の欲求に従う力」なので企業に求められる人材とは反対な部分が多いです。プログラミングやデザインなど、企業経験が有利になる職業もありますが、人生は短いのです。自分で調べてやる人が結果的にノマドになれると思います。

旅する鈴木さん

目指す規模の大きさによる

もし目指すところが規模の大きな仕事なのであれば、組織に入って大きな仕事の経験と人脈を培ってからの方がいいかもしれません。そうでなければ、まずはどんな仕事でも引き受けて信用を得て、少しずつ仕事を増やしていくのも一つの道ですね。どちらにせよ、クライアントが求めるものを提供出来るかどうかだと思います。

自信がない人は入るべし

私は必ずしも企業に入る必要はないと思っています。ただ、ノマドもイチ社会人であることには変わりないので、社会人としての規範やルール、相手とのやり取りでは、社会人経験があろうがなかろうが「社会人」として扱われます。そういった部分に自信がない＆スキルを手っ取り早く獲得したいという思いがあるのであれば企業での経験は実りのあるものになるのではと思います。

愛優さん

基盤を作れば成長も早い

経験値も収入も0ベースの仕事と仮定した場合、最初からリスクを取るよりは企業に入り経験を積む選択肢を入れてもいいと考えています。教える立場からの意見ですが、オンラインでは知識の伝達は出来ても、考え方の癖や触れる情報量にはオフラインと圧倒的な差が生じるのは事実です。しっかりとした基盤を整える方がその後の成長スピードは各段に上がると思っています。

すぎやまさん

企業勤めしなくても大抵やれる

私は企業勤めをせずにノマドになりましたが、自分が持っているリソースで「こんなことをするんだ!」と決めたら大抵のことはやれると思っています。逆に企業に入って何を学びたいかにコミットしていれば、それはそれで実になるはず。自分がどんな仕事をしたいのか、どう生きたいのかをリアルに想像して、そこにピッタリな道は何かなと考えてみると自然と選択肢が見えてくると思います。

西村千恵さん

オカザーマンさん

企業は向き不向きがある

僕は苦手な人と過ごすことが極端に苦手なので企業には入りませんでした。その代わり、そのジャンルの仕事をすでにやっている人に出会って、仕事や生活の感覚を体感しました。それから、僕の場合は動画編集系のコミュニティに入って、案件を受注する際の考え方などをキャッチしました。企業に入るかどうかは、向き不向きもあると思うのでどちらが気持ち的に楽かで決めてもいいと思います。

キャリア

IT業界での経験がなくても海外ノマドになれますか?

大変だったことを教えてください

旅する鈴木さん

ネットワークを見つけること

映像業界からノマドになりました。映像は扱うデータ量が多いので、海外で安定したネットワークを見つけるのに大変苦労しました。ホテルのロビーで徹夜でアップロードしたことが何回もあります。海外でも日本でも、何か仕事のお話をいただいたら、確実にすぐに連絡が取れる体制をまず準備することを心がけています。

harunaさん

PCに慣れていなかった

独立前は予備校の先生でした。当時パソコンは持っておらず、独立を決めてから初めて購入。人よりもタイピングが遅いので時間がかかるのが辛かったです。独立後、1日に何通もやり取りしていた時期があり、「早く返さないと一生終わらない!」と焦って必死にやり取りしたおかげでタイピングが速くなった気がします。

IT業界での経験がなくても海外ノマドになれますか?
工夫したことを教えてください

masa さん

人に出会って情報収集した

私は看護師からノマドになりました。当時は繋がりがなかったので、すでにノマドの人やノマドになれる仕事をしている人たちに会ってひたすら情報収集していました。自分の周りの10人がノマドだったら、自分がノマドじゃないことに違和感を持つようになるので、そういう環境を作れるように工夫していました。

伊佐知美 さん

最新技術に親しむ姿勢を持った

金融業界と出版業界出身者です。工夫したのはIT業界での経験ではなく、「1人でも責任を持ってクオリティの高い仕事をしよう」と思える自分を律する力を持ったことと新しいコミュニケーションツールや技術に積極的に親しむ姿勢を持ったことです。それらが欠けていると、IT業界出身だとしても辛くなると思います。

不得意な分野を役割分担した

前職の公務員時代はITなんて程遠い世界だったし、当時はワードしか出来ないほどIT音痴でした。しかも公務員は、他で使えるスキルを身に付けられないので転職も不利と言われていました。でも実際は、高度なITスキルを使わずに出来る仕事が沢山あります。不得意分野を選ばずに自分に出来ることを見つけて伸ばしたり、不得意分野に直面したら役割分担をするなど工夫しています。

あやか さん

サービスを上手く活用した

ほとんどの事務職は情報通信技術に関わりません。僕は美容師からライター、マーケターと転職していますが、ブログやTwitterに楽しく取り組んだ結果、自然とスキルが身に付いていました。'20年以降はリモートで稼ぐ手段を提供するサービスが沢山生まれ、今はIT業界に身を置かなくても体系的にピンポイントで学習出来る環境があるので、後はそれらを活かすか活かさないかだけです。

KOH さん

子どもがいても海外ノマドになれますか？どんな生活ですか

西村千恵さん

仕事量はいつもの7割に

3人の息子がいますが、夫や母に頼ったり、三男だけを連れて行ったりとフレキシブルに動いています。夫のみならず子どもたちの理解がなくては出来ないので、家事は全員の仕事だということと家族の自由を尊重し合うことを意識。子連れだと体力的にもハードなので仕事量をいつもの7割にすることで気持ちよく過ごせています。

清野奨さん

家の選び方の難易度は上がる

妻が妊娠中もノマド生活でした。子どもが小さいと滞在する家の選び方の難易度は上がるけど、楽しいこともあります。例えば水嫌いだった息子がプール付きのヴィラに滞在した時は、毎日プールに入って水遊びが大好きに。工夫は滞在する国によって変わりますが、ビザと家と治安は常に大きな考えるべき課題になります。

おばとりっぷ さん

娘の過ごし方は渡航前に準備

5歳の娘と2人で、1ヶ月半ジョージアとオランダでノマドをしました。工夫したのは、娘の過ごし方を事前に準備したこと。オンライン英会話や絵本アプリなどコンテンツを多めに準備しました。大変だったのは、娘が乗り物酔いすることでした。飛行機やタクシー、バス、電車で酔ってしまうので行くのを諦めた土地も。でも、子どもはどこでも自分らしくやっていけるという気づきがありました。

クニ さん

家族で国際交流が出来る

子どもが出来る前からノマドですが、妊娠がわかっても変わらずノマドです。各国で出産・育児をしていますが、毎度現地と繋がり、幼稚園や学校などのコミュニティの力を借りています。子どもとの移動は多少困難ですが、余裕を持って準備するようになります。子どもがいると現地での付き合いが広がるため、色々なコミュニティに顔を出して家族で国際交流が出来るように意識しています。

マイナーな仕事や変わった暮らしをしている海外ノマドを教えてください

お坊さんノマド

お坊さんノマドによく会います。ミャンマーで上座部仏教の瞑想の修行をしながら本を執筆していたり（その世界では有名な人）、別の人はベルリンでお布施を基におしゃれなプレンツラウアー・ベルク地区に住んで子育てしながら暮らしつつ、日本と行き来したり。旅するお坊さんスタイルは元祖ノマドなのかもしれないですね。

市角壮玄さん

森卓也さん

ギャンブラーノマド

ハンガリーのブダペストでノマドのギャンブラーに出会いました。僕が泊まっていたゲストハウスのラウンジでPCを広げていたので、カードゲームをしているかと思って覗いたらオンラインカジノで世界各国の参加者と勝負中でした。毎日淡々と計画的に仕事をし、時々世界各地のカジノのある街へ勝負に出かけていました。

投資家ノマド

地元の一次産業に少額投資をしている投資家ノマドがいます。ジョージアで偶然乗ったタクシードライバーに投資先を探してる話をしたら「東部の田舎に住んでいる妹夫婦がお金があれば会社を作って酪農をやりたいらしい」と言われ、2時間かけて彼らの家に連れて行ってもらったそう。ジョージア語しか出来ない彼らですが、オーラがあったので投資して一緒に会社を作ったそうです。

KOHさん

自転車だけで旅するノマド

世界を自転車で旅しながらブログで収入を得て暮らしているフランス人のノマドがいます。メキシコで初めて出会ったのですが、その数ヶ月後にグアテマラでヒッチハイク中にトラックに乗せてもらっていたら、道路を彼が自転車で走っていて大興奮しました。収入は多くないけど、好きなように生きて旅先の人たちと助け合いながら生きてる彼を見て、色んな生き方があるんだと刺激を受けました。

杉野遥奈さん

どうやって仕事のモチベーションを保っていますか？

関わる人間を選んでいる

人間的に尊敬出来る人とだけ仕事が出来るのがノマドの良いところ。良いコミュニティの中にいるとみんながやりたいことの話をしていてワクワクします。そんなワクワクをもらい、触発されて自分も勝手にモチベーションが出てきたり。日頃関わる人間を選ぶことは相手にとっても良いことだと思うので意識するようにしています。

市角壮玄さん

一戸英理子さん

ご褒美をぶら下げている

その土地にいること自体が貴重なので、その土地にいる時間にしか出来ないことに思いを馳せて早く終わらせるようにしています。自宅にいる時は1ヶ月以内にどこかに行ったりイベントに参加する予定を立てていて「あと○日でこの楽しみがあるから頑張ろう」とご褒美を目の前にぶら下げておく戦法でモチベーションを保っています。

仲間と一緒にやっている

仲間がいるとモチベーションが保てます。ノマドは世界中どこであろうと在宅勤務者なので、常に「1人」という環境にさらされます。もちろん1人で黙々と作業出来る人もいますが、人間は怠惰な生き物。同時に、人間は周りを気にする社会性も持っているので「仲間と一緒にやる」ことでモチベーションを保ちます。同業者と収入を競ったり、タスクや週報を共有したり。手法は多岐にわたります。

KOHさん

生活リズムを一定にしている

なるべく生活リズムを一定にしています。早寝早起きして、朝イチで頭がすっきりしているうちに仕事を終わらせる。私は日々の暮らしをルーティン化することで、勝手に身体が動く感じで仕事するようにしています。特に考える系の仕事は1日の早いうちに終わらせる。後は場所も大事だと思います。最近はコワーキングスペースがあるところに住んでいるので、仕事が捗ります。

chinamiさん

著者解説

モチベーションに頼らずに海外ノマドを続ける方法

僕はよく高いモチベーションで働いていると誤解されますが、実はかなり弱め。そこで大事にしているのがルールです。「モチベーションが高い時の行動」をどんな時も続けられるようにルールを決めています。

- ●質疑応答では必ず最初に手を挙げる
- ●外国人旅行者が困っていたら助ける
- ●元気な時の自分の判断を優先する
- ●ヒッチハイカーは乗せる
- ●重要なことは1人で決める
- ●二次会に行かずに、一次会で倍頑張る

これはルールの一部ですが、自分が望む方向に進むためには、良い意味でマニュアル人間のように一定のルールを守ることが大切。モチベーションに悩まされないためには、自分を操る仕組みがあると便利です。

海外ノマドワーカーの舞台裏

〜バリ島〜

「怒るのは恥」が文化のバリ島。街ではみんなニコニコしています。いつもは強引な客引きの人すら笑顔で楽しそうです。長く滞在する場所では、物価や観光よりも現地の気質を重視した方が心穏やかに過ごせて、モチベーションにも繋がります。

海外ノマドワーカーの舞台裏

~シチリア島~

世界81ヶ国を訪れた中で、最も美味しかったご飯はイタリア・シチリア島の「ウニパスタ」でした。少し不便な場所にあるにもかかわらず、地元の人で賑わっているお店は期待しちゃいます。写真のお店は「Trattoria Al Ferro di Cavallo」です。

マインド

移動しながら働いていて疲れないですか？ どうしていますか？

疲れたら移動をやめる

ノマドワーカーは手段であり、本当にやりたいことは「好きな時に好きな場所で働く」ことのはず。「どこでも働けないスキル」で同じ場所にいるのと、「どこでも働けるスキル」で同じ場所にいるのでは精神的に全く異なります。移動したい時に移動出来ることが魅力なので、疲れるなら移動せずに、移動したくなれば移動します。

岡村龍弥さん

最適な滞在スパンを探している

移動にストレスを感じるタイプと同じ場所にいるとストレスを感じるタイプがいると思うので、自分がどちらなのかを見極めることが大切です。ただ、二分出来るわけではなく、移動が好きなタイプでも、3日、1週間、1ヶ月など、最適な滞在スパンがあるので、様子を見ながら自分のスタイルを見つけていくことになります。

市角壮玄さん

海外ノマドをやめたいと思ったきっかけやそれでもやめなかった理由を教えてください

mimiさん

沢山働いても稼げなかった時

元々パソコン作業が苦痛だったので、どれだけ働いてもノマド前の収入の1／10も稼げなくてずっとやめたいと思っていました。周りからも心配されたので揺らぎましたが、今はオンラインの仕事と直接人と関わるという元々得意な仕事を両立させて生計を立てています。自分に合ったスタイルを見つけることは本当に大事です。

清野奨さん

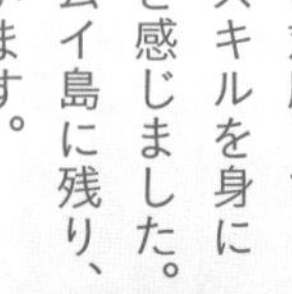

コロナで多くの人が帰国した時

'20年にコロナで世界中の国境が封鎖されて多くの人が元いた国へ帰国した時は、未来への不安から移動生活をやめようと思いました。しかし、ジャック・アタリ氏のノマド論を知り「変化に対応してどこでも生きていけるスキルを身に付けないと駄目だ」と感じました。結局滞在していたサムイ島に残り、今もノマドを続けています。

ぶっちゃけノマドをやめたい！って思ったことはありますか？

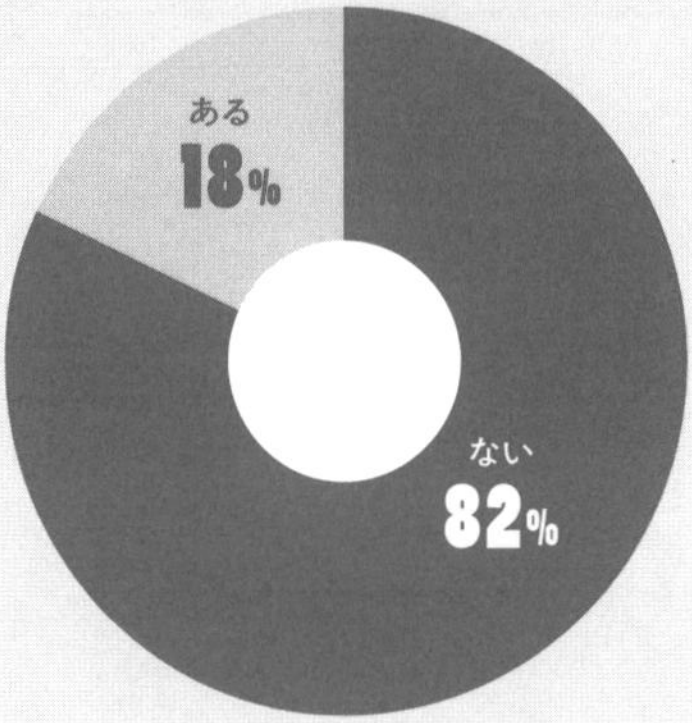

僕はやめたくなったので、ノマドを増やした

僕は同世代の仲間たちがノマドをやめていった時に少し揺れました。その後も気にしていないフリをし続けていましたが「1人だけど独りじゃない」環境を自分のためにも作りたくて、ノマドニアを主催。ノマドが増えたので、これからも楽しくノマドを続けられそうです。（ルイス前田）

木村拓也さん

彼女に振られた時

定住せずにフラフラしていたことが原因で、当時付き合っていた彼女に振られた時は一瞬心が揺らぎました。ただ、ノマドをせずに定住していようが振られるもんは振られると開き直り、今でもノマドワーカーとしての生き方を継続しています。そもそも就職から逃げてノマドになっているため、逃げたら道がないとも思っていました。将来はノマドの奥さんを見つけて夫婦で世界一周したいです。

海外ノマドとしてやっていけると自信が持てるようになったのはいつですか？

数字の結果を出せた時

'21年ヨーロッパで仕事していた際に、担当していたメディアの収益が2倍になった時です。クライアントが日本で動いているため、どうしても負い目を感じていたのですが、ノマドの状態で数字の結果を出せたことが自信に繋がりました。ヨーロッパでも日本と同じ感覚で仕事が出来ると胸を張って言えるようになった出来事です。

鈴木信さん

塚田エレナさん

算段がついた時

会社員時代に3つのポイントが重なったことで、フリーランスでも会社員と同じレベルで稼げることが数字で見えた時に自信を持ちました。1つは、自分だけでプロジェクトを回せる自信がついたこと。2つ目は、PCだけで出来る仕事だったこと。3つ目は、フリーランスになりたいと公言して仕事をいただくことが出来たことです。

店を2代目に託してから

'18年、長女が1歳半の時、モロッコでラーメン店を開業したことがノマド家族生活の大きな転機でした。始めた当初は鶏がらスープにパスタ麺でお客さんにお出ししていましたが、世界中のお客さんから叱咤激励を受けたので、自家製麺・無化調スープを開発したら5スターをいただけるまでに成長しました。コロナ後、レシピや経営方法を2代目に託してから、揺るぎない自信を確立出来ました。

クニ さん

旅をするほど残高が増えた時

ノマド歴は10年ほどですが、振り返ると2つありました。1つ目は、1本500円だった旅行系の記事単価が1本2万円以上になった時。単純計算で、毎日記事を書いたら月収計算で生きていけるなと思った時です。2つ目は、旅をすると普通は銀行残高が減るはずなのに、旅をすればするほど、残高が増えていった時。旅＝娯楽ではなく、仕事になってくれたということが自信になりました。

伊佐知美 さん

海外ノマドに必要なマインドって何だと思いますか？

苦手分野を人に任せること

得意分野で成果を出して苦手分野は任せること。フリーランスだと何でも自分でやってしまいがちですが、苦心しながら仕事をしていては、自分はもちろん、クライアントにとっても良いことはありません。なのでまず、自分の得意なことと苦手なことを把握することが大切です。自分の苦手なことが得意という人が必ずいます。

稲川雅也 さん

西村千恵 さん

自分軸と自己肯定感

自分軸と自己肯定感です。周りを気にして決めるのではなく、なりたい自分や理想の人生、達成したいことを叶えるためには自分を信じ続けるしかありません。自由に生きるためには、日々自分の本音に耳を傾けて対話し、自分を信頼し続けることが大事です。自分が望む未来を信じ続ける精神力は自分でしか作れません。

おひょうさん

高い理想を持つ

僕の最初のノマドとしての理想のレベルは低く、「1ヶ月ジョージアで暮らせる分は稼ぐ」でした。しかし、真面目にやればジョージアで暮らすためのお金は2、3ヶ月で稼げるようになります。理想が低すぎるとすぐに達成してしまい、やりきった感覚になるので、最初から「どの国でも生きていけるほどのお金を稼ぎ、世界を回れるようになる」くらいの高い理想を掲げるのがおすすめです。

あやかさん

自分との時間を楽しむこと

自分との時間を楽しめることとです。場所にとらわれないことがノマドの魅力ですが、自由に動き回れる分それに人を巻き込むのが難しいです。そんな時は自分との時間を楽しむことが大事。私が尊敬する人が、1人でバーにいる時に「誰と来てるの?」と聞かれたことに対して「With me（私とよ）」と答えたエピソードが大好きです。自信を持って自分との時間を楽しめるマインドを育て中です。

1人で海外で働いていて寂しくないですか？工夫していることを教えてください

現地の移住者と仲良くなること

とても寂しいので、現地で人との関わりを作る仕事や活動をするようにしています。後はすでに現地にいるノマドの人や、現地の移住組と仲良くなること。日本が今どうなってるかを知りたがっている移住者と情報交換をしたり、自分の持つスキルで相手の手伝いをしたり。持ちつ持たれつの関係を作るようにしてます。

市角壮玄さん

マリーシャさん

寂しさを感じる暇がない

旅中は見るものや感じるものが多く、作業にも追われるので寂しさを感じる暇がありませんでした。それに、世界の色々な国の人と様々な文化や言葉の中でコミュニケーションを持てるので、積極的に色々な人に話しかければ現地で友人が出来るので大丈夫です。万が一寂しくなったら、日本人宿に行くという手もあります。

1人で楽しめる趣味を持つこと

友達や家族に会えないので寂しい時もあります。ただ、「1人でいる」こと自体は1人で楽しめる趣味を持つことでどうにか出来ます。私の場合は、現地の可愛いカフェを巡って読書が出来れば1人でニヤニヤ出来るくらい楽しめます。1人で出来るコスパの良い趣味を持つことはノマドとしてはかなりメリット。趣味がなくても1人で海外にいると誰かしらとほぼ必ず出会えるので大丈夫です。

あやかさん

感情に向き合いきること

長期滞在になると寂しくなります。一時的に寂しさを紛らわしても、後日同じ寂しさを感じてしまうので、その時に思い出す人や出来事を感じきるようにしてます。感情に向き合いきると「5年後は違う国にいるかも。次はどこでどんな出会いがあるかな」と前向きな感情が湧いてくる。非日常の中で1人になることで、〝ひとりぼっちの自分〟と向き合えるので、それも含めて楽しんでいます。

石井小百合さん

時間管理で工夫していることや心がけていることを教えてください

吉田恵理さん

2ヶ国のタイムゾーンを表示

日本時間に合わせて働いています。ヨーロッパなら早朝から昼頃まで集中して仕事、午後は遊びに行くなど。長時間フライトの時はクライアントに伝えています。後、Googleカレンダーはメインとサブの2つのタイムゾーンを表示するように設定出来るので日本と現地のタイムゾーンを両方表示させるようにしています。

石井小百合さん

先方に事前に伝えること

電話に出られる時間や返信が遅くなる日をクライアントに先に伝えて理解してもらっていました。私の場合はオンラインでの会議などがなかったので、メールやLINEを返せる時に的確な返信をするという感じでした。相手も「すぐに返信しなきゃ！」と気負いすることがなかったようで良い関係でいられました。

畑山朱華さん

仮眠を毎日必ず取る

私が滞在しているフィジーは日本より3時間早いので、23時以降の仕事が多くあり、大体深夜2時近くまで仕事をしています。夜遅くにイベントやミーティングが入ることがほとんどなので、仮眠は毎日必ず取っています。次の日は朝9時から学校があるので、20分の仮眠を1日2回取るようにしています。仮眠は集中力と記憶力の向上にも繋がるので、今後も取り入れていきます。

山田裕貴さん

ホーム画面に日本の時計を置く

全ての予定をGoogleカレンダーで管理していて、時差で対応が出来ないところは「時差のため対応不可」という予定をスケジュールに入れて業務委託先と共有しています。また、スマホのカスタマイズで、ホーム画面に日本の時計を置いて日本時間が何時かをすぐに見られるように意識。国を移動する時は時差が変わるので少し先の予定を立てる時は気を遣ってスケジューリングしています。

タスク管理で工夫していることや心がけていることを教えてください

荻野祐里香さん

Googleカレンダーで管理

私は複業で常にタスクが並行しているため、全ての予定を1つのGoogleカレンダーで管理しています。また、タスクの重要度によってはクライアントとのやり取りで使用するSlackにリマインダーをセットしています。あらゆる方法で自分がうっかり忘れたとしても何とかなるようにクライアントを巻き込んでいます。

しずかさん

Notionを活用

タスク管理はNotionを活用しています。凝り始めるときりがないのですが、シンプルなチェックボックスをToDoリストとして使用するのが一番使いやすくて気に入っています。納期はカレンダー、タスク管理シート、クライアントと利用しているコミュニケーションツールの3ヶ所に記載して漏れがないようにしています。

十分な睡眠時間を確保すること

無理なスケジュールを組まないことを意識しています。ノマドになりたての頃は、睡眠時間を削って仕事をしたこともありましたが、体力的にも精神的にも大変なことに加えて生産性も落ちるので、十分な睡眠時間を確保するのは必須。経験を積んでいくと共に、案件に対する作業時間の目処が正確に立てられるようになったため、今では自分の体力と相談しつつ労働時間を管理するようにしています。

木村拓也さん

返せることはその場で返すこと

ボールを持たないことです。即日で返せるタスクは他の仕事をしていてもその場でボールを返すようにしています。すぐに返せない長期タスクはTrelloを使って管理しています。その際は、タスクが発生した時点で書き込むことを心がけています。納期の見積もりは、発生したタスクを因数分解して必要な作業にかかる時間から逆算して余裕を持ったスケジューリングをしています。

すぎやまさん

ビザ

著者解説

海外ノマドが出来るビザを発行している43ヶ国

海外ノマドに追い風です。各国がノマドワーカー向けのビザを発行、準備中のニュースが続いています。

ノマドワーカービザってどんなもの?

ノマドワーカービザの特徴は、観光ビザより滞在出来る期間が長く許可されることです。短くて半年、長い場合は3~5年まで滞在出来ます。よくある取得条件は左記の通り。収入と保険の2つはほとんどの国で共通します。

● **一定額を超える収入が毎月ある、または銀行の残高証明**

- 自営業、または雇用されていることの証明
- 滞在先で有効な健康保険や旅行保険の証明
- 健康に異常がないことの証明
- 過去に犯罪をしていないことの証明

「一定額の収入」については、国によって差があります。少なければ月収30万円程度なので、多くの方がノマドワーカービザを目指せる現実的なラインです。

例えば、ノマドの聖地として知られる東ヨーロッパのジョージアは収入証明が月額2000ドル、中央ヨーロッパのハンガリーは月額2000ユーロなど低めの設定です。調べられた限りだと、ブラジルの月額1500ドル、メキシコの月額1620ドルあたりが明記されている金額としては最小値でした。

また、収入以外の条件もノマドワーカービザは緩く設定されています。例えば、就労ビザを取得する場合は「業務に関連のある学部や学科の卒業」、「業務について3年以上の実務経験」、「就業先の会社に安定性、持続性があるか」の条件がありますす。ノマドワーカービザと比べると、申込条件を満たすのが困難です。

ノマドワーカービザを発行、準備している国々

執筆時点（'23年1月）でノマドワーカービザを発行済みなのはこちらの43ヶ国・地域です。今後も多くの国と地域で発行されることが期待されます。

海外ノマドが出来るビザを発行している42ヶ国

● ヨーロッパ

アイスランド、アルバニア、（イタリア）、エストニア、キプロス、（北マケドニア）、ギリシャ、クロアチア、ジョージア、スペイン、（セルビア）、チェコ、ドイツ、ノルウェー、ハンガリー、ポルトガル、マルタ、（モンテネグロ）、ラトビア、ルーマニア

● カリブ諸国

アンギラ、アンティグア・バーブーダ、キュラソー、グレナダ、ケイマン諸島、セント・ルシア、ドミニカ、バハマ、バミューダ諸島、バルバドス、モントセラト

● 中南米

アルゼンチン、エクアドル、コスタリカ、（コロンビア）、パナマ、ブラジル、ベリーズ、メキシコ

● アジア

スリランカ、タイ、台湾、ドバイ、（バリ島・インドネシア）、マレーシア

● アフリカ

カーボベルデ、セーシェル、ナミビア、（南アフリカ共和国）、モーリシャス

※カッコ内の国・地域は準備中です

海外ノマドワーカーの舞台裏

〜チュニジア〜

チュニジアにある青と白の街「シディ・ブ・サイド」をイスラム教のラマダーン中に訪れました。太陽が出ている間は飲食が禁止。旅行者は免除されますが、飲食店はやってませんし、街は空腹の大人たちで騒然としています。1人では心細かった数日間でした。

海外ノマドワーカーの舞台裏

～フィリピン留学～

フィリピンのセブ島で3ヶ月のエンジニアスクールに通いました。本来はセットの英会話をキャンセルして、空いた時間に仕事をして何とか完走しました。「旅も仕事も全力の海外ノマドを続けるためには交渉は必須だ！」と感じた経験です。

海外ノマド生活への疑問

ノマド中に怪我をしたことってありますか？

津田昌太朗さん

車同士の接触事故を起こした

アメリカのフェスに向かっている途中で車同士の接触事故を起こし、走行不能になりました。自分は助手席に乗っていて一瞬気を失いましたが、大怪我には至りませんでした。レンタカーを借りる際に保険に入っていたので、相手への保証も含めて全て保険で対応出来ました。それ以降保険だけはケチらずに入るようにしています。

足に腫瘍が出来た

モロッコで足に腫瘍が出来て外国人用のクリニックで手術しました。術後の経過が悪くロンドンで再検査をしたら40万円かかりました（保険でカバー）。バンガロールでは疲労で倒れ、手持ちの現金分の点滴を量り売りで打たれた後病院エントランスに放置。ブルキナファソでは運搬中にはみ出していた鉄筋にぶつかって悶絶しました。

森卓也さん

ノマド中に病気をしたことってありますか？

あかね さん

風邪をひいて寝込んだ

スウェーデンに滞在していた時に風邪をひいてしまい、寝込んでいました。海外で風邪をひくと自分で病院を探したり食料を調達したりなどに加えて、全て英語で対応しないといけないのでかなり疲れます。なので、事前に土地勘をつけておいて、ホステルの場合は受付など相談出来る人を見つけておくことが重要です。ちなみに私は保険に加入していたためお金は後から振り込まれる仕組みでした。

病院には何度もお世話になった

ベトナムで運転中にワイルドな換気扇に指を挟んで血が止まらなかったり、バリの奥地で高熱と咳で寝込んだり、トルコの田舎で猫に引っ掻かれて負傷&狂犬病の疑いをかけられて病院に電話するなど、海外旅の間に病院にお世話になった経験は多々あります。ですが、保険の手当が厚いクレジットカードに入っていれば万事OKです。お金で安心と安全が買えるものは買いましょう。

伊佐知美 さん

パリで腎盂腎炎になった

フランス・パリで、腎盂腎炎になりました。腰が痛くて起き上がることすら出来ませんでした。フランスには「SOS Médecins」という、ドクターが車で患者宅に訪問してくれるサービスがあったので、利用して応急処置をしてもらいました。保険は現地のサービスに入っていたので大丈夫でした。現地で体調を崩すと本当に心細いので、日頃から助けてくれる友達を作っておくのが大事です。

しずかさん

歯の治療をした

歯の治療をしました。歯は海外保険や現地で加入する民間保険でも対象外のことが多いですが、痛みを我慢しても良いことはないので治療は必須。私の場合は、歯の詰め物が取れてしまい、放置していたら激痛で夜も眠れなくなったので、住んでいたベトナム・ホーチミンのSNSを漁って、英語が通じて治療費も高くない歯医者を見つけました。全額自己負担で約3万円しました。

たぶさん

ノマドになって精神的に落ち込んでしまった時や、辛かった時はどんな時でしたか？

周りと比べてしまった時

基本的に1人で作業をしているので、寂しかったり、周りのノマドと比較してよく落ち込んでいました。SNSでは、基本的に良いことしか発信されませんし、上手くいっていないことを上手く隠す人も多い世界です。それ故に上手くいっていない時に「こうなっているのは私だけ」と思い悩むことが多かったです。

愛優さん

人に誤解される時

人に誤解される時です。「ノマド」＝「意識高い系」や「人の繋がりを大切にしない」と思われることがあります。実際は地味な日々の積み重ねが大切だし、ノマドには日本であれ海外であれ「人の繋がり」が一番重要です。後は「結婚願望がない」と思われたりも。でも実際、自分の周りにはノマド夫婦も沢山いるので憧れています。

市角壮玄さん

北欧でノマドをした時

北欧でノマドをした時です。日本にいる時よりも生活コストが目に見えて高い＋天候があまり良くない＆日照時間が短い＋食べ物がそこまで美味しくないというトリプルパンチ。しっかり病み、海外が嫌いになりかけました。現地でかかる生活コストが日本にいる時より低い（高くても1・2倍）、天候が良い、食べ物が美味しいのうちの2つが当てはまるところを選ぶことを強くおすすめします。

鈴木信さん

外に出る時間がなかった時

始めたての頃は、毎日PCの前で働くことが嫌で嫌で仕方なかったです。ミーティングもオンラインなので、なんで画面と会話しているんだろうと思っていました。苦手な職種だったこともあって作業時間が長くなり、外に出る時間どころか誰かと対面で会話する時間すらなかったので精神的に病みました。今は時間がなくても外を散歩して太陽の日を浴びることで気分転換しています。

mimiさん

健康診断と予防接種でどこでも健康を保つ

予防治療として健康診断と歯科検診を受けています。フリーランスだとどちらも実費ですが、市区町村の補助を利用すると安くなります。

また、旅行者よりも長く滞在する海外ノマドは予防接種を受けることが推奨されます。僕は破傷風、ポリオ、A型肝炎、黄熱病、日本脳炎の5種類を接種しました。「どの予防接種を、どれくらいの期間で受けるべきか？」についての相談先は「日本検疫衛生協会 東京診療所」をおすすめします。バックパッカーの接種事例が豊富なので、渡航先やスケジュールを伝えると、必要な予防接種と接種に必要な期間を教えてくれます。ワクチンによっては複数回の接種が必要だったり、他のワクチンと同時に接種が出来なかったりします。

ちなみに、海外ノマド界隈でよく名前があがる病院は東京・三軒茶屋にある「ふたばクリニック」です。予防接種の値段はクリニックごとに設定されていて、ふたばさんは安価なため愛用者が多いです。

part 07

海外ノマドの将来

将来の不安に対する準備や心がけていることを教えてください

旅する鈴木さん

人生を模索している

お金が全てではない生き方を模索中です。もちろんお金はほしいです。服がほしいし、時計もほしいし、車もほしいし、別荘もほしいし、無人島を買いたいし、祇園で飲みたいしと欲望は無限大ですが、「足るを知る」人になれたらと心底思っています。お金がなければないで楽しめる人生でありたいと願いながら旅をしています。

木村拓也さん

収入の最大化を考えている

フリーランスでも会社員でも将来への不安はあると思います。私は「お金を稼げば大抵どうにかなる」と思っているので、収入を最大化することで不安を払拭しています。何が不安なのかがわからなくて不安という人もいますが、自分と向き合う時間を意識的に作ることも大切。思考が整理されると不安を抱くことがなくなります。

とにかく行動している

とにかく行動することです。不安になっても仕方ないので、気持ちの切り替えを心がけています。基本的に、何か不安に思った時は「死なないから大丈夫」と言い聞かせます。不安になっている時間は生産性がないどころか、メンタルが病んでしまう恐れがあるので危険です。不安に思ったら書き出したり話したり、本を読んだり調べたりするなど、とにかく動くようにしています。

Chellさん

今何をすべきかを考えている

将来の不安は、今考えても何も変えられないので今何をすべきかを考えています。不安に思うことがあればノートに書き出し、不安を払拭する方法を探ることが多いです。コロナが流行り始めた時に、日常がガラッと変わり、旅行がしにくくなりましたが、先延ばしにすると、「出来ることも出来なくなることがある」と実感しました。なので、迷った時は「今出来るならやる」を心がけています。

大澤あつみさん

著者解説

心配性の海外ノマドが心がけている3つの準備

とても心配性の僕は、海外ノマドの中でも特に将来への不安を抱えているタイプです。ただ、交通事故のような「自分の努力で避けられないもの」に対しては割り切っています。一方で、「自分らしく豊かに暮らせるだろうか」という生活の心配については、仕事と場所の選択肢と人間関係を増やすことで備えています。

職種を増やして、収入源を分散する

生活が追い込まれないために10種類の職種を持って、それぞれから少しずつ収入を得ています。いくつかの業界や業種が大きなダメージを受けることはあるかもしれませんが、10種全てがなくならない限り生きてはいけると信じています。

日本以外で暮らせる場所を増やす

何らかの事情で日本で暮らすことが難しくなってしまった場合でも、これまでノマドとして訪れた国々ならスムーズに生活が出来ます。実際、26歳で友人たちと会社を立ち上げた時は真面目に「全くダメだったらタイに移住してやり直そう」と話し合いました。想像したくないですが「何か大変な炎上をしたら、ジョージアに移住してほとぼりを冷まそう」と本気で思っています。

人間関係がセーフティーネットになる

今までに一緒に仕事をした人たちとの繋がりが僕のセーフティーネットです。仕事がなくなって生活に困ったら、みなさんに役に立ちそうな仕事を提案して回ります。複数の人たちから仕事を貰えれば、それらが生活費になるはずです。

海外ノマドとして これからやりたいことは何ですか？

世界全ての国を旅すること

世界全ての国を旅するまで後7地域なので達成するべきことだと思っています。後はYouTubeの拡充。数年後にはネットショップも動画での商品紹介が主流になるはずだからです。自分で撮影や編集が出来れば、その分商品も安く販売出来るし、YouTubeからネットショップに誘導する流れも主流になると思っています。

二宮信平さん

市角壮玄さん

家族でノマドをすること

家族を作って家族でノマドをすることです。家族ノマドは周りに沢山いるので勇気をもらっています。その他は旅人として自分のオリジナルアイテムを作って販売したり、今やっている料理のプロジェクトでお店のプロデュースをやってみたい。それから海外向けの書籍を出版したのですが、シリーズ化して沢山出していきたいです。

海外ノマドになって良かったですか？

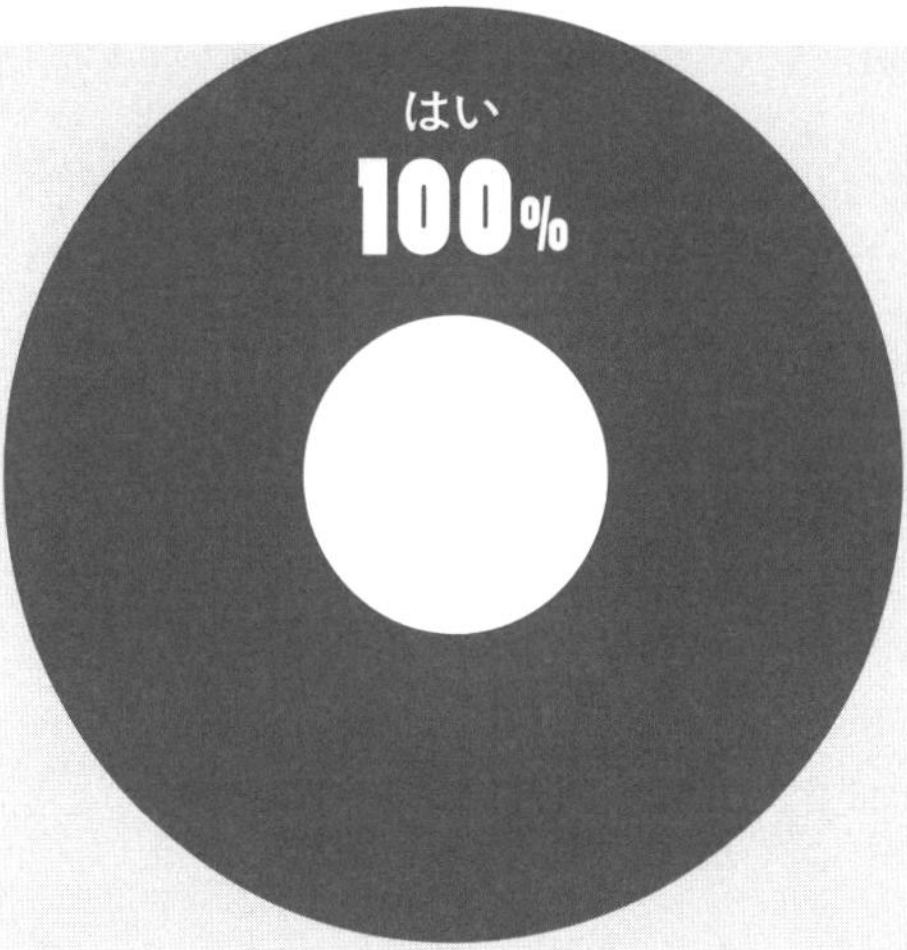

経験は自分だけの宝物

僕もノマドになって本当に良かったです。世界のどこでも生きられて、働けることは大きな自信になりました。一方で、日本に帰国するたびに「最高の国だ！」と噛み締めています。日本が故郷であることを差し引いても、とても良い国です。ノマドを続けるほどにそう感じます。（ルイス前田）

KOH さん

常にワクワクすること

僕がまだ中学生の頃、友人にこんな提案をしました。「高校生になったらバイトしてお金貯めてみんなで地方に秘密基地作ろうよ！」。その場では盛り上がりましたが、実行に移す人はいませんでした。それから長い月日が経っても僕はワクワクすることを諦めていません。「来月はスペインでAirbnbを貸し切って遊ぼう」を実現するために、これからも海外ノマドを増やしていきます。

いくつかの拠点を作ること

いくつかの拠点を作り、パートナーや動物たちとのんびり暮らしたいと思っています。気が向いたら別の国に遊びに行ったり、たまにはイベントにお邪魔したり。これから行ってみたい国が沢山あるので、まだ暮らす場所は中々決められませんが、いずれはどこかで落ち着きたいです。拠点作りが始まったら、これまで買い揃えられなかった家具や食器選びをするのが楽しみです。

haruna さん

人が集まる場所を作る

人との繋がりを大切にしていきたいです。色々な国を訪れて、沢山の経験をし、海外生活やノマド生活を発信しながら、海外移住を検討している人たちの参考になればと思っています。今はまだ動きたい気持ちですが、いつかは日本かどこかの国で「Nomad Village」のような人が集まる場所を作り、私が世界で食べた美味しい料理を作ったり、カフェバーでお話しするのが夢です。

Ami さん

西村千恵さん

長期滞在しながら旅すること

家族と一緒にもっと長期で滞在しながら世界中を巡りたいです。そして国内外で活躍されているオーガニック文化を作る方々と繋がり、横の連携を作りながら面白い仕事を作っていけたら良いなと考えています。世界には本当に多くの志の高い人がいて、思いを共有出来る仲間と呼べる人との出会いが待っていることを知ってしまったので、どんどん新しい世界に飛び込んでいきたいです。

RYOMAさん

W杯を現地観戦すること

サッカーのW杯を毎回現地観戦したいです。子どもの頃からW杯を現地で観戦することが夢で、夜見る夢でも大体サッカーをしていますが、'22年にカタールでW杯を現地観戦し、今後も続けたいと思いました。やりたいことをやろうと思った時にやれるハードルは、会社員の時と比べると圧倒的に低いので、自分の好奇心に従って生きたいし、そういう自分の人生が大好きです。

著者解説

ルイス前田がこれから実現したい3つの目標

海外ノマドを体験出来る機会を増やしたい

仕事で目指すのは海外ノマドの体験機会を充実させることです。本書を通して紹介してきた海外ノマドという働き方は万能ではありません。ただ、海外ノマドが自分に合うのか、楽しいのかは経験してみないとわかりません。

そこで、世界中にあるノマドの聖地で海外ノマドを実現する10種類の職業を体験する「ノマドニア」を開催しています。本書執筆時点では、ジョージア、インドネシア・バリ島、タイ・バンコク、メキシコの4ヶ国で参加出来ます。

既存の海外生活を経験する方法と並んで「留学、ワーホリ、ノマドニア」のように、海外ノマドを試せる機会が当たり前になったら最高です。

好奇心を仕事にしながら旅を続けたい

働き方で目指すことは、職種を絞らずに興味を持ったことをどんどん体験して、仕事にすることです。今はポーカーで手札を作るように新しい仕事を始めたり、やめたりしながら、1ヶ月で10種類の仕事を同時に進めています。

本書のおかげで「作家」という仕事も増えました。海外ノマドを続けるほどにきっかけを得て新しい仕事が生まれるので、これからも仕事は増え続けます。飽きっぽくて、好奇心を抑えられない自分にとって、1つの仕事に頼り切らないのは楽しく働く上でとても大切です。

色々な仕事から少しずつ収入を得ることで、働き方に幅を持てたこともメリットでした。現在僕は、仕事を複数持つ働き方を「スラッシュワーカー」と名付けて、Webサイトやコミュニティを運営しているので、気になる方はご覧ください。

本書を書き終えたら、妻と新婚旅行で世界一周に出発するので、これからは2人で取り組む仕事も増えていきそうです。

地球を飛び出して、宇宙を旅行したい

プライベートでは宇宙旅行を実現したいです。世界最強と称される日本のパスポートと好きな場所で働ける仕事のおかげで、今までに憧れていた多くの場所を訪れました。今後も未訪問の国や地域を少しずつ訪れていったら、いつかは僕が行きたい全ての場所を訪れる日も来るかもしれません。しかし、宇宙はまだまだ遠い目的地です。

ZOZOTOWN創業者の前澤友作さんが国際宇宙ステーションを訪れたことで話題になりましたが、宇宙を体験した人は世界で562人しかいません。日本人は14人。そのうち民間人は前澤さんとそのマネージャーだけです。

僕は、技術革新によって宇宙旅行が今後は海外旅行のように一般化すると信じています。誰もが当たり前のように宇宙に行ける日まで、健康を維持して、必要なお金を用意出来るように今の仕事も頑張りつつ、いつかは宇宙旅行も仕事に出来たら最高です。

part 08

海外ノマドのまとめ

まとめ

結局、海外ノマドになるにはどうしたら良いんですか？

masa さん

ノマドになれる仕事を知る

まずはノマドになれる仕事を知ること。ノマドになれる仕事は意外と多いので調べれば沢山出てきます。気になるものからやってみるのがおすすめ。ＰＣが得意でなくても、仕事で必要になった時に調べながらやれば意外と何とかなります。ノマド生活を維持するための資金はそんなに必要ないので、支出を見直せば大分楽になります。

KOH さん

目指すべきは在宅勤務者

ノマドは在宅勤務者と全く同じです。家から出ずに経済活動が成り立てば、フリーランスでも会社員でもアルバイトでも何でもいい。どこで在宅勤務をするかという違いしかありません。なので、ノマドになりたい人が目指すべきは在宅勤務者です。最適な職業や就労形態を選択して、後は行きたい場所でそのままの生活を送ります。

やってみたい気持ちを大切に

「やってみたい！」という気持ちがあったら、その気持ちを大切にしてやるだけです。将来のことは行動しながら考えましょう。これからの時代、新しいことを始める際にとても大事なマインドだと思います。やってみて自分に合わないと思ったら、潔くやめたらいいだけ。それくらいの気持ちでとりあえず始めてみると、いつの間にか自分にしか出来ないノマドスタイルが出来ていると思います。

クニ さん

とりあえず海外に行ってみる

簡単に言うと、場所に縛られないスキルを身に付けて、自分が求める生活基準の最低ラインを知って、後はとにかく海外に行ってみることだと思います。例えば、物価の安い東南アジア諸国だと月に10万円も稼げたら十分生活は出来ますし、月に10万円稼げるようになる手段は沢山あります。望めば誰にだって出来るという可能性を信じて、行動を起こし続ければ絶対なれると断言出来ます。

杉野遥奈 さん

まとめ

著者解説

この本を読み終えたら、次にやってほしいこと

海外ノマドになることを決意したらご自身の仕事とお金に向き合ってください。

「いくらでどこに住む」のかを想像する

まずはお金関係をクリアにしましょう。p98～101や現地の平均月収を参考に、ジョージアやタイなど生活費を抑えられる国を選びます。それから、SNSで現地に住む日本人を探して、生活の様子を観察します。決して貧乏な生活ではないことがわかるはずです。「ここなら住みたいかも！　楽しそう！」と思えたら、その場所での生活費が最初の目標金額です。まずは、1ヶ月5万～9万円くらいの生活費を目標にすると無理なく達成することが出来ます。

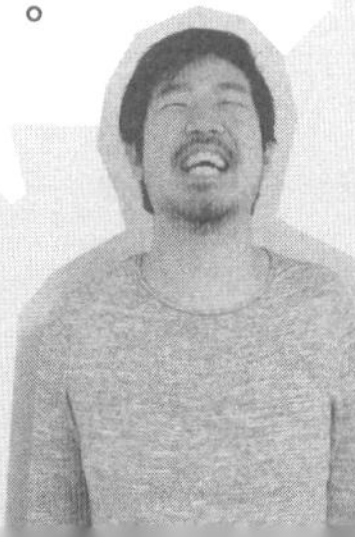

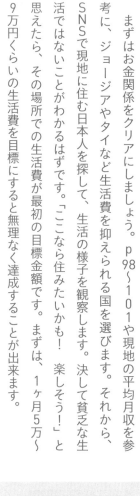

「その場にいなくていい仕事」を試してみる

目標金額がわかったら、ノマドとして取り組む仕事を決めましょう。「頭だけで考えないこと」が重要です。誰かのおすすめやインフルエンサーの真似をして仕事を決めると「思っていたのと違う！」ということが発生します。試すだけなのでお金を稼がなくてもOKですが、疑似体験はしましょう。

「海外ノマド」を試してみる

次に海外ノマドという働き方を楽しめるのかを試します。旅行中にリモートワークをするだけです。旅行では気づけなかった大変さや面白さを感じてください。「目標を決める」「仕事を試す」「暮らしを試す」の3STEPで僕は「ノマドっていいなぁ！」と強く実感しました。体験から学んだので、過程が辛くても「やっぱり楽しかったから、好きだから」と頑強に粘ることが出来ました。

まとめ

著者解説

これから海外ノマドを目指す方へ

海外ノマドは、大変なことも多いですが、旅行も仕事も楽しめる最高の働き方でもあります。出来るだけ精神論に偏らないように本書を作成してきましたが、最後に僕がノマドを続けるために大切にしてきた考え方を紹介します。

プランCから始める

海外ノマドは「海外を楽しむ」と「仕事」のどちらも妥協しない欲張りな生き方です。プランAとBが目の前に並んだ時に、「どちらも実現出来そうなプランCはないのか?」と探せる人がノマドです。日常からプランCを探しましょう。すぐに見つからなくてもより良い選択肢を探すクセがノマドへの近道です。

習うよりやってみる

インターネットやSNSを眺めていてもスキルは身に付きません。大切なのは、興味があればやってみること。動画編集が気になったら、編集ソフトに触ってみる。デザインが気になったら、無料ツールで画像を作ってみる。知ってる人とやった人の差はとても大きいので、デパ地下のように気になったら試食してみましょう。

1人で頑張らない

今日から海外ノマドを目指すなら、まずは目標となる人や同じことを考えている人たちが集まる場所を探しましょう。オンラインでも良いのでいくつか入ってみて、自分らしくいられる場所で仲間を見つけましょう。海外ノマドになると1人の時間はとても長いのですが、支え合う仲間がいれば1人ではありません。

初心者に
おすすめのノマド先 Top3

ノマドに
おすすめ
の国

トビリシ（ジョージア）

1

物価、ビザ、治安、食文化など、初心者に嬉しい要素を全て備えているのがジョージアです。長期滞在に必要な銀行口座や賃貸マンションなどもすぐに用意することが出来ます。あと、猫が可愛い。

バリ島（インドネシア）

2

南の島でノマドをしたい方はバリ島へ。優しい人々、美しいビーチ、独自の文化や風習が残っている神々の島です。休日にはボートで離島へ遊びに行き、マリンスポーツやBBQなどを楽しめます。

バンコク（タイ）

3

直行便を使って約7時間でアクセス出来る大都市バンコク。地下鉄、快適なWi-Fi、駅直結のショッピングモールなど何でもあります。便利だけどしっかり異国なので、心配性の人はバンコクへ。

コスパが良い
ノマド先 Top3

1 イスタンブール（トルコ）

円高・トルコリラ安が続くトルコは、物価上昇を差し引いてもコスパの良いノマド先です。ヨーロッパとアジアの交差点として形成された独自の芸術や文化を長期滞在しながらじっくり楽しめます。

2 リスボン（ポルトガル）

西ヨーロッパの中で特に物価が安かったのはポルトガルでした。スペイン文化圏でありながら、割安なのでお得です。リモートワークビザの解禁で、欧米ノマドを中心にさらに人気になる予感です。

3 ペナン島（マレーシア）

ストリートアートの街ペナン島がアジアではトップクラスにコスパが良かったです。移民が多いペナン島では世界中の美食が格安で楽しめます。僕のベストフードもペナン島のローカル料理でした。

ノマドにおすすめの国

物価は高いが再訪したいノマド先 Top3

1 ニュージーランド

オーストラリアと並んで物価が高いニュージーランドですが、豊かな自然と独自のマオリ文化がとても魅力的です。トレッキングも充実しているため、自然派ノマドならずっと滞在出来ます。

2 アイスランド

食料自給率が低く、とにかく外食が高いアイスランドですが、涙が流れるくらい美しい絶景を満喫出来ます。自炊で生活費を抑えつつ、オーロラを追いかけたのは最高でした。レンタカーは必須です。

3 ラスベガス周辺（アメリカ）

ラスベガス周辺に点在するグランドキャニオン、セドナ、モニュメント・バレーなどはアメリカの広大さを楽しめる最高の場所でした。複数のスポットを巡るロングツアーでも効率的に楽しめます。

これから流行るノマド先 Top3

1 マルタ

ヨーロッパの人から見たマルタは、日本人から見たフィリピンと感覚が近いです。南の島国で、物価が安くて、公用語が英語。語学留学先として人気ですが、デジタルノマドビザも発行されました。

2 カリブ諸国

カリブ海の島々にはすでに欧米からのノマドが集まり、呼応する形で11の国と地域がノマドビザを発行しました。夏はニューヨークで暮らして、冬はカリブ海で波乗りとか、最高ですね。

3 グアナファト（メキシコ）

「恋に落ちるほどの美しさ」と言われる街並みが有名なメキシコのグアナファト。観光ビザで180日、ノマドビザなら最大4年の滞在が可能です。ラテン文化を愛するノマドの聖地になるでしょう。

Epilogue

「海外ノマドについての本を書いてみませんか?」というお話をいただいた時はとても嬉しかった一方で悩みました。

「僕がノマド代表として経験を話すね?」という形で良い本になるのか。

みなさんにとっての海外ノマドの可能性を狭めてしまうのではないか、と。

試行錯誤をした結果、ルイス前田による創作ではなく、
多数の海外ノマドたちの共創という形で制作をスタートさせました。

本書を通して、多様化したノマドたちの様々な知識や経験に触れることで
「こんな方法もあるのか!」「これだったら自分らしく出来そう!」などと、
これまでよりも少しだけわがままに生きるヒントが見つかれば幸いです。

また、本書に掲載した写真の一部はよく一緒に旅をしているプロカメラマンの長沼茂希さんにお借りしています。

素敵な写真をありがとうございます。

最後になりましたが、編集を担当していただいた時弘さんをはじめとする扶桑社のみなさま、

踏み込んだ内容まで快く執筆いただいた56人の海外ノマドのみなさま、
構成や内容について相談に乗っていただいたノマド本編集部のみなさま、ありがとうございました。

そして、いつも僕を支えてくれる妻にも感謝を。

あなたと家族になったおかげで、僕の人生はこれまでの何倍も豊かになりました。

これからもどうぞよろしくお願いします。いつも本当にありがとう。愛しています。

SNSには映らない海外ノマドたちの日常は、大変なことも、辛いこともあります。

理不尽な体験をして「もう、日本に帰りたい」って口にしています。

ただ、好きな時に、好きな場所で暮らしたい。人生のハンドルは自分で握って、やりたいことを諦めたくない。

そう決意して、実現した人たちは知らないところに沢山いました。

僕たちが出来るなら、きっとあなたにも出来るはずです。

それでは、次は世界のどこかで。またお会いしましょう。

ルイス前田

ルイス前田

1人10職で81ヶ国を旅しているノマドワーカー。大学生の時にニューヨーク留学と世界一周を経験。旅仲間と株式会社TABIPPOを起業し、旅行メディアの編集長を務める。現在は株式会社スラッシュワーカーズの代表を務めながら、海外ノマド体験「ノマドニア」を世界4ヶ国で運営中。https://nomadnia.net

Staff
編集　時弘好香（週刊SPA！編集部）
デザイン　南 彩乃（細山田デザイン事務所）

海《かい》外《がい》ノマド入《にゅう》門《もん》

発行日　2023年2月11日　初版第1刷発行

著　者　**ルイス前田**
発行者　小池英彦
発行所　株式会社 扶桑社
〒105-8070
東京都港区芝浦1-1-1
浜松町ビルディング
電話 03-6368-8875（編集）
03-6368-8891（郵便室）
www.fusosha.co.jp/
印刷・製本　図書印刷株式会社

定価は表紙に表示してあります。造本には十分注意しておりますが、落丁・乱丁（本のページの抜け落ちや順序の間違い）の場合は、小社郵便室宛にお送りください。送料は小社負担でお取り替えいたします（古書店で購入したものについては、お取り替えできません）。

ISBN：978-4-594-09387-7